国家自然科学基金面上项目（41371175）
教育部人文社会科学重点研究基地重大项目（13JJD840010）

Urban and Regional
Development in the Internet Age

互联网时代的
城市与区域发展

汪明峰◎著

科学出版社
北 京

图书在版编目（CIP）数据

互联网时代的城市与区域发展/汪明峰著. —北京：科学出版社，2015.10

（中国城市研究丛书）

ISBN 978-7-03-046096-7

Ⅰ.①互… Ⅱ.①汪… Ⅲ.①互联网络-应用-城市-区域发展-研究-中国 Ⅳ.①F299.21-39

中国版本图书馆 CIP 数据核字（2015）第 252645 号

责任编辑：杨婵娟 / 责任校对：胡小洁

责任印制：徐晓晨/封面设计：众聚汇合

编辑部电话：010-64035853

E-mail：houjunlin@mail.sciencep.com

科学出版社 出版

北京东黄城根北街16号

邮政编码：100717

http://www.sciencep.com

北京厚诚则铭印刷科技有限公司 印刷

科学出版社发行 各地新华书店经销

*

2015年11月第 一 版 开本：720×1000 B5

2021年 1 月第五次印刷 印张：11 1/4

字数：214 000

定价：58.00 元

（如有印装质量问题，我社负责调换）

丛书序

城市是人类创造的一种具有高度文明的聚居形式，她很早就在人类活动的历史长河中占有一定的地位。但因生产力发展长期处于落后的水平，农村一直是人类的主要聚居形式。直至进入工业化时代，城市化进程始开始加速。20世纪后半叶起，发展中国家城市化进程开始加速，促使世界城市化水平逐步提高。根据联合国经济和社会理事会（Economic and Social Council，ECOSOC）人口与发展委员会《世界城市化展望》（2005年版）的报告，2008年世界城市化水平首次达到50%，这意味着城市开始成为人类的主要聚居形式，人类从此进入城市时代。

中国有着数千年的城市发展历史。1978年实施改革开放政策后，融入全球化时代的中国进入城市快速发展时期。2014年，国家统计局公布的我国城市化率已达54.77%，城市人口超过了全国人口的半数，较2000年的36.09%城市化率提升了18.68个百分点，年均增加1.33个百分点。快速城市化推动了大量剩余农业劳动力向城市中的非农业部门转移，加快了我国经济、社会转型和空间重组。与此同时，城市居民的居住条件、城市各项服务设施和基础设施水平也有显著提升，人居环境得到改善。因此，城市化已和工业化、信息化、市场化、全球化一起成为当前我国经济社会发展的重要特征，并和其他“四化”彼此间相互作用、相互影响。但过快的城市化也使各种城市问题伴之而生。其中，既有和其他国家共同面临的城市问题，如中低收入阶层居民的居住问题、交通堵塞、环境污染、城市蔓延等，也有具有中国特色的城市问题，如大规模的农村人口流动及由户籍制度限制导致的进城农民的“半城市化”、城中村等现象，以及城市化进程中的区域差异扩大等问题。

面对快速发展的中国城市化进程，2003年，华东师范大学成立了中国现代城市研究中心，主要由来自于校内地理、社会、经济、历史、城市规划等学科的研究人员组成，还聘请了数位国外教授担任中心的兼职研究员。2004年11月，中心被教育部批准为普通高等学校人文社会科学重点研究基地。自中国现代城市研究中心成立以来，中心科研人员承担了大量的国家级和省部级研究项目，在城市研究领域取得了丰硕的成果，并主办多次较大规模的国际学术会议，在国内外产生了积极的影响。

为繁荣城市科学的学术研究，从 2007 年起，中国现代城市研究中心在科学出版社的大力支持下组织出版“中国城市研究丛书”。这套丛书汇集了中心研究人员在中国城市研究领域的代表性成果，迄今已有 8 部专著问世。这些专著聚焦于城市网络、城市与区域经济、全球生产网络、大都市区空间组织等城市研究前沿，从信息化、全球化、网络化等角度探讨了中国城市发展的新动态、新特点。这些著作的出版在国内外学术界产生了积极的反响，其中有些还获得了省部级奖。“中国城市研究丛书”将进一步拓展研究领域，逐步出版中心研究人员在城市化、城市群、城市社会融合等方面的最新研究成果，以促进中国城市科学研究的进步。

18 世纪的工业革命开启了人类社会现代化的进程，也带来了城市化的进程。在城市化推动经济和社会进步的同时，各种城市问题与城市化进程如影相随，甚至产生严重的病症。正如 19 世纪伟大的英国作家狄更斯在《双城记》中所言：“这是最好的时代，这是最坏的时代。这是智慧的年代，这是愚昧的年代。”2010 年，上海举办了以“城市，让生活更美好”为主题的世博会，这在世博会历史上是第一次，表明应对快速城市化带来的问题已成为人类社会面临的挑战。我国未来的城市化进程仍然任重而道远，中国现代城市研究中心同仁将继续积极投身中国城市的研究，为中国城市化的持续健康发展做出自己的贡献。

宁越敏
华东师范大学中国现代城市研究中心主任
2015 年 10 月于华东师范大学丽娃河畔

前言

自1994年中国实现与国际互联网（因特网）的全功能连接以来，已有二十余年之久了。从科研机构的实验室，到散落大街小巷的网吧，再到现在智能手机的普遍无线接入，互联网的发展和普及速度惊人，已成为当前中国影响最广泛的技术创新。层出不穷的互联网新技术对社会各个领域的影响日益加深，包括城市和区域发展的格局和机制也随之重构，然而我们对这一变革进程的认识还远远不足。尽管国际学术界20世纪90年代开始已经出现了有关互联网空间层面的研究，但在中国仍然是新兴领域，许多方面处于起步阶段。因此，在当前中国面临的全球化、信息化及新型城镇化背景中，有关互联网时代的城市和区域研究亟待突破和发展。

我对互联网的研究萌发兴趣，是2000年在华东师范大学读研究生期间。随后几年我以此为研究内容并完成了博士学位论文，于2007年出版了第一本专著《城市网络空间的生产与消费》（科学出版社）。在该书中，我从城市体系的维度出发，重点考察了互联网在城市间的时空扩散进程及其空间逻辑。伴随着互联网技术的空间效应日益显著，我们希望将研究尺度从宏观城市体系深入到中观层面，即城市和区域的内部。同时，也更加关注基于互联网发展的新兴产业，将研究对象拓展到多媒体及软件产业、电子商务、物联网及智慧城市等具体产业部门，以期对互联网影响下的经济空间组织变动有更深入的了解，特别是关注新兴产业的动态演化过程，并由此考察技术变革对城市和区域空间重构的影响效应。经过近些年的持续研究，本书作为阶段性成果的总结，希望在已有基础上，把握当前新的技术应用所带来的新趋势，从而为理解城市和区域发展提供一些有益的思路。当然，互联网究竟给我们带来了什么，将来又会怎样，其实很难评价和预测。我们只能从一个侧面或者尽可能从不同的视角来审视这一历史性的趋势。因此，相对于互联网所带来的广泛影响，本书的分析并不系统，而是有选择性的。但是选择的关注点都涉及城市和区域发展的基本领域，可以为我们更深入地探究互联网与空间的关系提供起点。

本书的研究得到了国家自然科学基金项目（41371175）和教育部人文社会科学重点研究基地重大项目（13JJD840010）的资助。其中，大部分工作是在教育部人文社会科学重点研究基地华东师范大学中国现代城市研究中心完成。正是其宽松的工作环境和良好的学术氛围，为我们提供了研究条件和时间保证。这里特别要感谢基地主任宁越敏教授的悉心指导，曾刚、杜德斌、孙斌栋教授和王列辉副教授，以及城市与区域科学学院众多同仁的热情支持。本书成书也离不开研究生们的同心协力和热情参与。他们是林娟、卢姗、毕秀晶、邱娟、马同翠、袁贺和顾成城等，多年来出色地承担了部分章节论文的研究助理工作。

本研究也一直得到清华大学顾朝林教授、北京大学柴彦威教授、南京大学甄峰教授、首都师范大学吕拉昌教授、上海交通大学高汝熹教授，以及加拿大莱斯桥大学徐伟教授等众多学界前辈和同仁的关心和支持，每次交流总是让人受益匪浅。此外，2012 年 7 月至 2013 年 8 月，我在国家留学基金管理委员会的资助下，赴美国犹他大学从事访问学者研究工作一年，得到合作导师魏也华教授的指导和支持，在此一并致谢。

本书部分章节采用了我们在《地理研究》（2011 年第 6 期）、《地理科学》（2011 年第 1 期）、《地理科学进展》（2015 年第 4 期）、《经济地理》（2010 年第 11 期）、《城市规划》（2013 年第 11 期）、《南京社会科学》（2011 年第 10 期）等期刊以及《中国城市研究》集刊（2010 年第三辑，2013 年第六辑，2015 年第八辑）上已经发表的一些论文。我们对上述刊物允许本书使用有关文献表示感谢，同时也感谢这些论文的匿名审稿人和编辑当时提出的建设性意见。此外，也要特别感谢科学出版社科学人文分社侯俊琳社长一直以来的支持，以及杨婵娟编辑高效细致的工作。

最后，感谢我的家人，感谢互联网时代给我们带来的机遇和磨炼。

汪明峰
2015 年 9 月

目录

第一章

引言：我们所处的时代

这是最好的时代，这是最坏的时代。

——《双城记》(Charles Dickens，1859：1)

互联网是我们生存的肌理。

——《互联网星云》(Manuel Castells，2001：1)

20 世纪末以来，无论在学术领域，还是在大众媒体，抑或在政府决策中，对新的信息和通信技术尤其是有关互联网的讨论越来越流行。但是，对于互联网所带来影响的认识还远未清晰。一些争论依然在持续，甚至出现了完全对立的观点。每个人都会同意，借助于先进的通信工具，人与人之间的交流越来越方便，但这一趋势到底意味着什么？会带来怎样的后果？仁者见仁，智者见智。最近，网络上流传着一个有意思的场景：一群人围坐在餐桌旁各自玩着手机，正所谓“世界上最遥远的距离：我们坐在一起，你却在玩手机”。

不可否认，互联网正在对人类社会的各个领域产生显著的影响。尤其在当前中国，“互联网＋”成为时髦的话题。2015 年 3 月，十二届全国人大三次会议上，李克强总理在政府工作报告中首次提出“互联网＋”行动计划。这一战略一经提出，立刻激起千层浪，各行各业风起云涌，希望抓住互联网带来的发展机遇。事实上，自 1994 年中国全功能接入因特网以来，以互联网为核心的一系列信息和通信技术已经在政治、经济、社会和文化各领域得以扩散和应用。越来越多的人认识到，“互联网＋”所带来的不再是简单的物理连接，而是通过连接产生反馈和互动，最终出现大量化学反应式的创新和融合。本书关注互联网与城市、区域发展的互动关系。希望从地理空间的视角，审视互联网技术对中国城市与区域发展的影响状况。在切入正题之前，有必要先来回顾一下，除了互联网之外，正在影响当代社会的三个重要的历史性趋势与主题：全球化、城市化与区域发展，它们也都与互联网技术息息相关。

第一节 全球化：世界是平的，还是凸的

关于全球化存在各种各样的争论，其中有一点是针对它的地理格局，全球化是否会减弱区位和地方的重要性。一些作者在形容信息和通信技术革命所驱动的全球化进程时，称之为“地理的终结”（O'Brien，1992），“无边界的世界”（Ohmae，1995）和“无重的世界”（Coyle，1997）的浮现，“距离消亡”（Cairncross，1997；Reich，2001）的开始，等等。十年前，一本影响面更广、更有意思的著作来自于 Thomas Friedman，他宣称全球化造成“世界是平的”，世界正在快速扁平化（Friedman，2005）。他所谓的“扁平”是指世界各地的人们正日益趋同（Friedman，2007）。由此，他提出十大重要的政治经济与技术现象，包括：柏林墙的倒塌、万维网的出现、工作流软件的开发、上传和文件共享的出现、外包的出现、离岸的兴起、供应链的开发、第三方专业物流的兴起、借助搜索引擎的信息获取，以及无线技术的开发。综合起来，他认为 2000 年后，上述十大现象一起快速地重塑世界，并与以往的全球化进程存在质和量上的区别。

那么，世界是否真的变扁平了吗？Friedman 的著作一经问世，随即遭到众多学者的批判，尤其是地理学者们（Christopherson，et al.，2008）。正如经济学家 Leamer（2007）在对 Friedman 的长篇书评中指出，“世界是平的”这一标题显然是作者故意为之，希望引起各方的争议。Leamer 认为，在通信技术领域的变革和相关社会经济交互和交流的确增加了贸易的自由度，并促进学习及知识的生产和传播，简而言之即促进了经济一体化。但是，Leamer 论证了经济一体化趋势导致经济活动的空间集聚，而不是地理上的“扁平”态势。如果说经济学家们认为全球化进程可能弱化空间和距离的作用，地理学者们则认为全球化反而进一步提升了“地方”的作用，特别是具有地方特色的社会文化制度要素，在培育和维持经济活动的空间集聚中起着关键性的作用（Rodríguez-Pose，Crescenzi，2008）。Friedman 所提供的大量轶事证据表明全球化使得世界变平。但是，也有越来越多的证据表明世界正变得日益陡峭。全球经济呈现出两个明显对立的趋势，即全球化和地方化。或者更精确地讲，是同时存在全球扁平化和地方陡峭化两种力量（McCann，2005），其结果是世界更加弯曲，或者说是凸的（McCann，2008）。许多高附加值的部门日益被重要的城市中心所支配，这些地方正是全球运输和通信网络中的枢纽（汪明峰，2004），其原因主要是由于地方化的集聚经济和尺度与距离的运输经济两者的共同作用（McCann，2005）。

美国著名的管理学家 Michael Porter 早已指出，在全球化的经济中，竞争优势对地方的依赖性正在加强。在全球化的经济中，伴随着快速的运输、高速的通信和开放的市场，人们总是预言区位的重要性在减弱。但事实却正好相反。在全球经济中，持续的竞争优势往往是高度地方化的，来源于专业化技能和知识、制度、竞争、相关商业活动和有经验的客户等在地方上高度集中（Porter，1998）。可见，全球化时代中地方的作用反而更加突出，推动各种要素在空间上的集聚，加速了城市化和大城市的发展（van der Ploeg，Poelhekke，2008）。当前，全球城市化水平已经超过 50%，人类进入了城市主导的时代。事实上，城市向来是众人瞩目的地方。然而，伴随着先进信息技术的飞速发展，城市的命运也受到质疑和担忧。

第二节 城市化：城市的终结，还是胜利

互联网蓬勃发展的早期，很多人在谈论的是“距离的死亡”（Cairncross，1997）。电子通信网络作为后福特制生产体系的支撑部分，造就大规模的全球“时空压缩”（Harvey，1990），从而重组了我们的社会关系结构和日常生活节奏。在这样的环境中，“数字化生存”似乎成为互联网时代的主要特征（Negroponte，1995）。于是，在先进的“电子别墅”里，我们可以通过电子通信手段从事各种社会和经济活动，其结果将导致人口和生产在空间上的快速扩散（Toffler，1980）。如此，“城市的终结”作为一个互联网时代的未来学神话被广为流传。一些权威人士和评论家认为，信息技术的进步将让城市的优势荡然无存。如果你可以在风景如画的乡村地区通过维基百科或名校开放课程学到各种知识，为什么还要忍受纽约或者上海的高房价呢?

既然如此，我们先回顾一下原先的城市为什么会存在。按照经济学的解释，简单地说是由于集聚经济的作用。各种产业和经济活动在空间上集中后产生经济效益和向心力，促进了城市发展。一般认为，集聚经济形成的原因有三个：劳动力共享市场、中间品投入的规模经济，以及知识溢出（Krugman，1991a）。其中，知识溢出是最为学者所强调的，而其核心来源于“面对面”接触和交流（Fujita，et al.，1999；Storper，Venables，2004）。如此，从信息理论来看，城市存在的核心基础是对“面对面”交流信息或知识的需求（Gaspar，Glaeser，1998；Kolko，2000）。但是，先进的信息技术减少了对“面对面”交流的需求。当这一需求消失时，城市也就失去了一个作为人们见面和沟通的物理场所的意义。因此，一些未来学者宣称，随着信息技术的进步，城市会逐渐消失。一些

研究结果也为这一趋势提供了佐证，如 Garreau（1991）所提出的“边缘城市”现象，其形成的部分原因正是由于信息技术的改善。当然，城市消亡的观点并不完全基于信息技术的发展。如果从城市生活的成本和收益来分析，一方面，集聚经济所带来的城市化收益正逐渐消失，技术进步降低了运输成本，包括货物、人和思想的流动；另一方面，在城市中生活的成本显著增加，这些成本包括健康成本、污染、拥挤、犯罪和社会问题等。

面对未来学者的预言和城市问题的突显，知名的哈佛经济学家 Edward Glaeser 于 2011 年出版了一本畅销书《城市的胜利》，打破偏见，颠覆了人们对城市的既有认知与理解。他雄辩有力地向我们证明：城市是人类最伟大的发明，寄托着人们对未来最美好的希望。他始终关注使城市得以繁衍的人力资本，并坚信在高技术时代，人与人之间的亲密接触反而更加重要（Glaeser，2011）。的确，越来越多的经验证据表明电子通信并不能替代面对面接触和城市。在城市里的人更多地使用互联网技术，那些物理上更接近的人，可能更频繁地借助手机或网络进行联系（Whitacre，Mills，2007）。Glaeser（1998）甚至认为，技术越发达，对信息交流需求的增长将增加对城市的需求。纽约的兴衰经历向我们揭示了这座现代大都市的核心悖论：尽管远距离的交流成本已经下降，邻近性却变得更有价值（Glaeser，2011）。因此，新的技术和信息构架仅仅是对“面对面”交流的补充，而不是替代（Gaspar，Glaeser，1998；Kolko，2000；Sinai，Waldfogel，2004）。当编码知识仅需很少的成本就可以借助全球通信网络传输之时，交换未编码知识（或称默会知识）的最佳途径仍然是面对面的接触。显然，在网络空间中的交流将永远无法与分享一顿美食、一个拥抱或一个亲吻相提并论。

与 Glaeser（2011）的观点类似，著名社会学家 Saskia Sassen 早已发现，在全球化和快速城市化的时代，经济活动不可避免地集聚在一些主要的城市之中，其中具有决策和控制中心功能的世界城市，成为全球信息生产和消费的主要中心（Sassen，1991）。信息社会的先驱理论家 Manuel Castells 进一步认为全球性城市支配着所有形式的国际信息交流，尤其是互联网。他提出的“流动的空间”很好地解释了网络社会崛起中的全球性城市支配互联网这种新的空间形式（Castells，1996）。然而，网络的空间逻辑具有选择性，只有那些有价值的城市和区域才能连接上价值创造和财富获取的全球网络（汪明峰，高丰，2007）。世界银行发布的《2009 年世界发展报告：重塑经济地理》描绘的正是这样的一幅图景：当今世界经济增长将呈现极度的空间不平衡，一些地方包括大城市、沿海地区和融入全球经济的富裕国家，更受资本的青睐（World Bank，2009）。该报告也强调了，经济增长可以不平衡，但发展仍然具有包容性。如此，在区域一体化进程中，发达地区和落后地区的连接成为经济发展的关键。以互联网为代表的先进信息技术给发展带来新的机遇，诸多地方政府希望借此追赶领先的地区，但是跨越式发展往往很难实现，因为罗马不是一天建成的。

第三节　地方发展：技术效应是突变的，还是演化的

面对新技术所带来的巨大影响力，一些学者和大众媒体习惯接受技术决定论的观点，即将技术摆放在决定性的位置，社会只能被动地、无条件地接受技术所引致的变迁。在互联网大规模普及的初期，技术决定论的观点是学术界探讨信息技术与地方空间关系的主流论述（Graham，1998）。这类论著旨在解释信息技术对空间造成的“冲击”，基于一种简单的、线性的因果思维方式，将信息技术视为影响社会变迁的决定性的独立变量。其基本逻辑是创新导致新技术，新技术又会被应用和使用于社会领域，于是社会直接取决于技术发展，而独立于经济与政治进程。如此，社会与技术是两个完全不同的领域，前者由后者形塑而成。在城市和空间研究领域，技术预测者往往认为建立新的信息架构体系将促成一系列的创新，最终导致城市和区域经济运行的功能性转变。

但是，短短几十年的高科技是无法战胜人类数百万年的发展历史的。诺贝尔经济学奖获得者 Paul Krugman 曾特别强调，在产业地方化中，历史和偶然事件起着决定性的作用（Krugman，1991a）。不少经典案例都表明，产业地方化往往起源于一个偶然事件。但重要的并不是最初的偶然事件，而是使此类偶然事件有如此大且持久影响的累积过程。Krugman（1991a）认为这种累积过程无处不在，无论从时间上看还是从空间上看，硅谷都不是独一无二的，而只是传统现象的又一个引人注目的翻版而已。事实上，如 Hirschman（1958）与 Myrdal（1957）所指出的，城市和区域发展往往呈现出典型的发展轨迹，是一个循环和累积的因果过程。著名城市经济地理学家 Allen Scott（2011）也认同这一动态增长过程。近几年，他在所关注的“认知—文化经济”（cognitive-cultural economy）研究中指出，集聚和创造地方就业的逻辑建立在双重时空过程中：一是在复杂的生产体系中寻求邻近性以削减成本及增加收益的过程；二是有关创新、横向和纵向溢出、企业家精神，以及地方特色的竞争优势集体累积的路径依赖过程（Scott，2011）。整个城市增长的动态过程也依赖于对当地产品的持续外部需求。其朝向结构锁定的趋势，意味着地方化的生产体系的部门结构通常保持惊人的稳定性，很少随时间变化。这一点非常重要，支撑大城市化地区的经济基础的各种生产体系往往具有强烈的相互依赖性和滞后性的特征（Frenken，Boschma，2007；Martin，2010）。因此，引入一个演化的视角就很有必

要，尤其是在分析技术进步的地理空间性、动态的竞争优势、经济重组和经济增长这样的问题时（Boschma，Lambooy，1999）。

在经济学和经济地理学中，演化理论的核心是通过技术学习导致质的提升，并推进经济发展（Boschma，Frenken，2006；Dosi，et al.，1988；Nelson，Winter，1982）。演化方法建立在 Schumpeter（1911，1942）的学术思想上，解释技术的内生性特征及其对经济发展的贡献（Rosenberg，2000）。我们所看到的不同发展形式可以解释为初始条件、路径/地方依赖、非线性动力机制，以及能力和行为的异质性在微观层面上的差异所造成的结果，从而在系统层面上反映出不同的突变特征（Morrison，Cusmano，2015）。异质性及其动力机制与多样性产生和选择的过程紧密相关，主要发生在微观（企业）和中观（区域）尺度上（Nelson，Winter，1982；Metcalfe，Foster，2004），但是因为经济活动的组成和空间分布及其相互作用都发生变化，其结果最终会导致结构性的变迁（Saviotti，Pyka，2004）。从这方面来看，演化方法为理解知识经济中发展模式的多样性和地理格局提供了丰富的概念框架。如此，在当前中国面临的宏观背景中，我们将把城市和区域发展置于动态演化的进程中加以探讨。

第四节　理解互联网时代的城市和区域发展：时空视角

我们已经了解到在全球化和城市化背景下，城市和区域仍然持续着各种各样的兴衰际遇，而其中互联网所带来的机遇和挑战引人注目（Malecki，Moriset，2008）。目前，以互联网为代表的先进信息和通信技术已经成为自然和人文社会各学科的研究热点，地理学也不例外。新技术正影响着全世界城市和区域的发展，并推动着持续的空间组织重构进程。但是，直到20世纪90年代中期，国际学术界对于这种新技术系统在空间维度上的理解还很欠缺（汪明峰，宁越敏，2002）。此后，西方地理学界才开始注意到这一问题的重要性和迫切性，并很快有学者投身于互联网的地理学视角探索之中。已有的研究成果都说明了采用空间视角研究这一新趋势的重要性，通过地理学取径可以提供某种独特的视角来分析人类社会中的技术-社会变迁（汪明峰，2007）。

事实上，互联网是一种复杂的多层动态技术体系，与其相关的社会和经济活动也错综复杂。因此在研究过程中，往往需要对其进行必要的分解。目前，有五个方面的研究内容相对丰富，包括技术网络的空间分析、数字空间区隔、内容产业的经济地理学、电子商务的空间战略，以及数字/智慧城市的建设和规划。当然，这些方面相互交织，并不是各自独立的。

一、技术网络的空间分析

互联网的技术地理学是有关互联网基础设施的，包括在各个地理区位上的光缆、路由器、转换器和计算中心等，它们的存在使得互联网上的信息交流可以遍布全球。对网络基础设施的关注集中于两个方面：一是互联网的网络结构，它决定了城市和区域之间的交互关系；二是城市之间的互联网连接带宽，它已成为信息时代重要的竞争性区位要素。近几年，许多文献从全球和国家的空间层次探讨了互联网的技术地理格局，如利用全球主要城市所拥有的主干网带宽与网络数量，从中发现全球范围的网络技术资源倾向于分布在世界城市，同时一些新的“网络城市”正在崛起（汪明峰，2004）。更多的研究关注国家层面上的互联网城市体系，无论是针对发达国家的还是针对发展中国家的研究，均表明城市的地理区位在决定互联网通达性的等级体系中起着重要的作用。随着技术的进步，无线通信用户似乎比互联网更加不受空间和场所的限制。但是，新的技术仍然受制于基础设施自身的地理格局，甚至无线技术还加强了区位的重要性，越来越多的无线技术提供的正是基于位置的信息服务。

二、数字空间区隔

技术基础建设、财富和教育在地球上不均衡分布，会导致网络使用在空间上的差异，这正是数字鸿沟的主要表现方面之一。尽管互联网的扩散很快，但是从全球范围来看，第一世界和第三世界国家之间长期存在的信息不平等仍然存在于国际互联网使用的地理格局之中。信息化水平的差异反映了经济发展水平的差异性，信息富国与信息穷国的“数字鸿沟”正是它们之间“经济鸿沟”的结果，即使在发达的工业化国家内部也是如此。进而，在国家内部使用互联网的地理分布差异也是很明显的，不论是在发达国家还是发展中国家，大都市区都是先进的，而乡村地区在接受新媒体上都是落后的。同时，在主要的城市区域中，那些重要的区位都倾向于大规模采用高速的互联网接入。许多世界城市的现状往往是数字精英阶层与大量不联网的信息贫困区相互共存。互联网曾经被预言是自由的，富有活力的，缩小空间差异的工具。事实上，网络“拥有者”与“未拥有者”之间的差异增加了不平等的来源，造成社会排斥者与主流社会的基本割裂，其复杂的互动进程扩大了信息社会所承诺的状况与真实世界之间的鸿沟。

三、内容产业的经济地理学

信息是信息时代的重要产品，互联网则是这些信息交流和生产的重要工具。因此，研究互联网内容提供者的地理格局非常必要。国外一些学者在20世纪90年代后期开始采用网络域名来研究互联网的扩散，已经取得了一些进展。此外，互联网域名指标也是分析新经济，比较区域和城市竞争力的常用方法。全球层次的统计数据提供了各国在互联网内容生产上存在巨大差异的证据。同样，在一个国家内部也存在域名分布极不均衡的状况。如此，一些互联网产业集群已经在全球范围浮现。根据已有的研究，互联网内容生产领域中的领导地位很大程度上源自这个地区或城市的相关产业专业化程度。同时，风险投资的区域分布也明显影响了新的互联网企业的地理区位。最近，关于互联网的经济地理学研究也逐渐深入到一些具体的内容产业，如网络多媒体产业、音乐产业、赌博网站等，这些产业都为我们提供了一个侧面去理解互联网和地方之间的相互关系。多媒体和互联网产业活动往往集聚于城市中心区并形成产业集群（Zook，2005）。这种状况被认为有利于接近潜在的合作者和供应商、雇员、教育和培训设施，也能够与顾客特别是在中心区的消费者保持频繁交流和紧密关系。

四、电子商务的空间战略

技术与经济融合的趋势产生了电子商务，它的繁荣始于20世纪90年代中期。事实上，各种电子商务活动与地理学都有紧密关系。只要零售的是真实的而不是虚幻的商品，距离和地理就会在其中起作用。在全球零售资本的经济地理格局中，电子商务的崛起是一支潜在的动摇力量，而且电子商务的核心是配送问题。另一个有关电子商务的空间问题是传统商店和无店铺零售之间的关系。互联网对实体店铺和传统购物中心的影响是替代还是补充效应，目前的理解还不够清晰。传统零售业越来越多采用的是多渠道战略，也就是在已有的实体零售网络之外，同时运营在线的网络商店。这暗示着物理空间还是需要的，但是实体商店的性质和类型已经发生了变化。当然，不同国家和地区对电子商务应用的途径是有差异的，这些差异塑造了商业活动在现实和虚拟世界中的各种发展轨迹（汪明峰，卢姗，2009）。

五、数字/智慧城市的建设和规划

最近几年，无线通信技术进一步改变了人们的生活，促使移动通信社会的浮现（Castells，et al.，2007)。伴随新技术的不断涌现，各种城市发展的政策模型也层出不穷，如数字城市、智能城市、移动城市、无线城市以及智慧城市等。关于这些概念和政策已经存在大量的讨论，然而我们对于这些新的城市演变态势的空间认知还非常缺乏。尤其是，移动信息技术正在对城市空间结构产生日益显著的影响，认识和辨别这一进程对于理解未来城市的发展及规划至关重要。当前，世界各地包括中国许多城市正在积极推进智慧城市的建设，众多的解决方案在城市管理运行、基础设施升级、吸引投资带动就业、提升城市和区域竞争力等方面实施，并取得了显著的成效。然而，一些学者对智慧城市的负面效应也提出了担忧（Townsend，2013)。特别是智慧城市可能使普遍存在的因贫困问题而引起的暴力冲突进一步升级，从而拉大贫富差距。因此，需要对智慧城市的建设进程有更全面的审视，其中地理视角不可或缺。

20 纪 90 年代后期至今，中国互联网持续高速发展，大量投资用于信息基础设施的建设，同时互联网用户也逐年快速增长。尽管近些年中国地理学者已经注意到这一领域的重要性，并开始进行相关的探索性研究，但已有成果与现实中互联网技术的快速进展和巨大影响相比，还远远滞后。首先，研究在很多方面处于起步阶段，与其他传统地理学研究领域相比仍然显得非常薄弱。其次，大多数研究往往采用定性和描述性方法，定量分析较少。再次，从研究的空间层级来看，还主要集中在国家层面，较少深入到城市和区域内部。同时，对于互联网自身活动尤其是产业活动也缺少应有的关注和研究。最后，理论基础和总结相对落后，没有形成系统的概念和研究框架。因此，有关互联网时代的城市和区域研究在中国亟待突破和发展。

第五节 本书的结构和内容

本书从空间视角透视互联网时代的城市和区域发展历程及未来趋势。第一章引言部分描绘了当前城市和区域发展所处的重要时代特征之一，即进入所谓的互联网时代，并提出从演化视角研究新技术的影响效应。

随后第一篇互联网的空间扩散与区域差异，共有 3 章内容，探讨互联网技术与区域差异之间的关系，重点从省际层面分析互联网技术扩散对区域差异变动的影响。其中，第二章对中国互联网用户增长的省际差异及其收敛性进行分析。采用 σ-收敛、β-收敛和俱乐部收敛 3 种分析方法，对 1997～2008 年中国（港澳台地区除外）互联网用户增长的收敛性进行探析，并对影响互联网普及率的关键因素进行条件 β-收敛的检验。我们发现，中国互联网用户增长的省际差异变动存在着较为明显的σ-收敛和β-收敛。控制人均GDP、城镇化水平、基础设施水平、受教育程度、对外开放度、地理位置等变量后，地区间存在条件β-收敛。东、中、西三大区域存在着较为显著的俱乐部收敛趋势，收敛速度则表现为东部慢于中部，中部慢于西部。

第三章基于探索性空间数据分析方法，探讨中国互联网技术的空间扩散与区域差异状况。我们将考察2000～2013年中国31个省（自治区、直辖市）互联网发展水平的空间相关性和空间异质性，以期有效地认识中国互联网技术的空间分布特征，并进一步研究其内在规律性和动态演变过程。结果发现：中国互联网普及水平呈现较为显著地空间自相关和空间异质性；互联网技术的扩散过程中存在着显著的溢出效应；距离是影响其扩散强度的主要因素，且扩散效应随距离的增加而减弱。

第四章重点探讨互联网的空间溢出效应与中国区域经济增长的关系。我们使用中国2000～2011年的省际面板数据，通过建立内生经济增长模型对中国互联网对区域经济的作用进行了验证，并引入空间权重矩阵对互联网的空间溢出效应进行了实证检验。模型结果表明互联网发展可以促进区域经济增长，但互联网的总体贡献率不高。对三大地区分别进行实证研究得出，互联网对各地区经济促进力度不同，依次是中部、东部和西部。同时，各地科学技术环境的差距又扩大地带差距。另外，互联网对区域经济产生正的空间溢出效应，我们讨论了三种空间溢出方式，分别是空间距离、经济水平、城镇化水平，结果表明基于空间距离的互联网溢出效应最强；经济较发达和城镇化水平较高的地区间也存在较强的互联网溢出。

本书第二篇互联网城市的兴起及其空间格局，共有3章内容，试图探讨互联网技术对城市体系的影响作用，重点从新兴互联网产业的空间分布来分析城市体系的变动态势。其中第五章考察“新经济”背景下，一些大城市互联网产业集群化发展的态势，并从演化经济地理学的视角，探讨中国大城市中互联网产业集群形成的动力机制。该研究首先提供了一个新兴产业空间演化的理论分析框架；然后对当前中国互联网产业的发展状况和空间格局进行了概述；再进一步重点分析了北京、上海和杭州三个案例城市的互联网产业发展特点，并比较了互联网企业在上述三个城市集聚的条件和过程。

零售商业活动及其空间组织历来是城市和经济地理学研究的重要主题之一。伴随着新的信息和通信技术的应用和普及，一种新的商业业态——网上购物，正在被越来越多的商家和消费者所接受。这一趋势对零售业的价值链、商业模式以及空间组织均产生了不可忽视的影响。本书第六章试图通过对国内主要的电子商务企业之一“当当网”的研究，初步探讨网上零售企业的空间组织及其影响因素。研究发现，地理因素和地理过程是网上零售业发展中值得关注的层面。首先，与以往的技术创新一样，在电子商务条件下，零售企业的扩张在中国仍然遵循等级式的路径。其次，信息基础设施、物流配送和支付手段的完善程度决定了该地区网上零售业的发展水平，而这些条件最终取决于经济发展水平。最后，在宏观层面上，网上零售企业的空间组织和扩展与传统零售企业的差异并不显著，并仍受到地理因素的制约。

当前，中国的智慧城市建设迅速展开，被认为是解决中国城市化问题的重要新手段。本书第七章通过梳理相关文献，将总结智慧城市的概念和内涵，比较 24 个智慧城市建设进程和规划战略，并选取北上广深 4 个内地一线城市与香港、台北进行差异分析。与港台地区的建设目标相比，内地城市都倾向于通过信息基础设施的建设以及产业的转型升级来推动城市的发展，但相对忽视了市民的参与和需求。这一章我们还就智慧城市的建设提出若干思考，指出在推进智慧城市的建设中，要以城市的自身条件为基础。基础设施作为智慧城市建设初期的关键一环在中后阶段应该是逐步淡化，应更强调以人为本，注重市民的参与性，才能实现真正的智慧城市。

本书第三篇互联网与城市区域的空间重构，也是由 3 章内容组成，分别分析软件产业、电子商业和无线城市的空间组织和空间效应。其中，软件产业作为城市发展知识密集型产业的重要增长点，受到各方关注。在中国，许多城市政府规划和设立了软件园区吸引和扶持软件企业的入驻和成长。这些园区的建设对软件产业的发展及其空间组织产生了重要的影响。第八章以上海市为例，在比较分析软件园区的规划布局与软件企业实际区位分布的基础上，着重探讨软件园区的设立对产业空间布局的引导作用。并以浦东软件园为例，通过问卷调查和访谈对企业区位决策过程进行分析。结果表明，政府的规划及政策在上海市软件产业集聚区的形成过程中起到了非常重要的作用。在引导软件园区向产业集群转变过程中，健全行业中介组织，加强企业之间的关联，是当前园区建设的重要内容。

伴随着互联网技术的日益普及，网上购物作为一种新的快速普及的商业业态，已经深刻地影响了传统零售业的发展。深入研究网上购物行为的空间效应，有助于我们把握城市零售业未来的发展方向，以及理解信息时代的城市空间变化趋势。第九章选取中国网上购物市场规模较大的城市上海为例，调查居住在城市不同区位的消费者的网上购物行为及其与传统购物出行之间的相互关系。旨在比较网上购物对市区和郊区消费者行为的影响是否存在差异，并分析造成这些差异的主要原因。第九章还将比较网上购物对不同规模传统书店产生的影响效应，从一个侧面反映在新技术环境中城市零售业空间演化的趋势。研究结果表明：由于网上购物影响消费群体的特定性、网购商品种类的局限性以及传统购物环境的不可替代性等原因，网上购物方式更多的是作为传统购物方式之余的一种补充形式。当然，网上购物也会替代部分传统的购物行为。对于不同规模的传统实体商家而言，网上购物对中等规模商家的影响最大。

在当前移动信息时代，无线城市、移动城市、智慧城市等各种新的城市形态不断涌现，给我们的生活和工作带来便利和高效。本书第十章试图探讨智慧城市建设中基础设施布局的城市内部差异问题及其可能带来的负面效应。以上海为例，采用上海移动的公共无线局域网热点数据，运用 GIS 方法进行空间分析，并揭示无线网络接入设施的空间分布规律和态势。我们发现，尽管无线接入设施在空间上迅速扩展，但仍然没有缩小邻里之间的差异，空间数字鸿沟依然存在，并可能有扩大的趋势。基于这些结论，本章也将为当前无线城市和智慧城市发展与规划提供有益的政策建议。

最后第十一章结语部分，将延伸本书的主要内容，试图把握当前新的技术应用所带来的新趋势，从而为城市和区域发展的未来提供一些有益的思路。

第一篇

互联网的空间扩散与区域差异

第二章 互联网用户增长的省际差异及其收敛性

进入21世纪以来，中国的互联网事业得到了飞速发展。截至2009年底，中国互联网用户已达3.84亿，占到世界互联网用户的20.8%（中国互联网络信息中心，2010）。同时，互联网作为现代信息与通信技术的重要代表，在区域发展中所起的作用也日益重要（卢鹤立，刘桂芳，2005a）。但是，互联网发展的区域差异仍表现得十分明显。比如2009年，北京、上海等市的互联网普及率都已超过60%，而贵州、安徽等省的普及率仅为15%。这正是"数字鸿沟"（digital divide）的主要表现之一。有些学者认为，互联网技术的出现也没有像人们当初所料想的那样缩小地区之间的差距，相反，在很大程度上似乎在扩大原有的差距（胡鞍钢，周绍杰，2002）。这种数字鸿沟问题已经越来越受各方关注，因为在信息时代，接入和使用信息技术对社会发展具有重要意义（汪明峰，2005a）。

事实上，区域差异是区域发展中一种常见的现象，也是地理学、经济学等相关学科关注的热点问题（Wei，1999）。长期以来，中国一直存在着地区发展不平衡的格局，尤其在改革开放以后，地区差距似乎呈现出日益扩大化的趋势（李国平，陈晓玲，2007；欧向军等，2006）。从短期看，区域差异的存在是不可避免的。那么，从长期看，这种差距会不会缩小或者出现收敛呢？从理论上讲，随着中国改革开放进程的不断推进，发达地区的先发优势将逐步削弱，而欠发达地区的后发优势将逐步强化，其发展机会将逐渐增多。而且很多人认为新的技术往往为后发地区的跨越式发展提供了新的机遇（林毅夫，张鹏飞，2005）。目前，国家和地方政府的有关部门均出台了一系列促进信息技术应用的相关政策，以期加速新技术的扩散和推广。本章试图通过分析1997～2008年中国互联网使用的空间格局变动，动态地考察影响互联网用户增长的主要因素及其变化机制，以期为促进中国互联网的快速健康发展提供有益的参考。

第一节 数字鸿沟的空间维度

简单来说，基于互联网的数字鸿沟就是使用互联网和不使用互联网的人之间存在的差异。经济合作与发展组织认为数字鸿沟是“不同社会经济水平的个人、家庭、商业部门和地理区域，在接入信息和通信技术和利用互联网从事各种活动的机会上存在的显著差距”（OECD，2001）。其真正内涵可解读为，由于信息和通信技术的资源分配不均，以及它所造成的对新技术应用的不平等，因此地区之间、族群之间，甚至个人之间产生“有”和“没有”之间的差异状况逐渐增加。而且，它对社会的影响，无论是正面或负面的影响，都将随着新技术的进步而加剧。因此，数字鸿沟的产生可视为由信息和通信技术的发展和普及所造成的一种现象（汪明峰，2005a）。

数字鸿沟的空间层面，即不同地理区域之间存在的新技术应用差异是众多学者关注的问题之一（汪明峰，宁越敏，2002；张捷等，2000）。从全球范围来看，不同经济发展水平的国家之间长期存在的信息不平等仍然存在于国际互联网使用的地理格局之中（胡鞍钢，周绍杰，2002；Guillen，Suarez，2005；Warf，2001）。国家内部的空间数字鸿沟首先表现为城乡差异（Howell，2001）。一般而言，不论是在发达国家还是发展中国家，城市化地区在接受新媒体时都是领先的，而乡村地区都是落后的（Grubesic，2003；Mills，Whitacre，2003）。其次，国家内部的区域层面差异也很明显（刘桂芳，2006；刘文新，张平宇，2003；宁进厅等，2010；邱娟，汪明峰，2010；王如渊，金波，2002；Chakraborty，Bosman，2005）。此外，不同城市之间也存在着数字鸿沟。一些大城市往往在各种新技术投资和创新过程中扮演领跑者的角色，而其他城市和地区只能落在后面（汪明峰，2005a；汪明峰，宁越敏，2004；Hwang，2004）。

事实上，互联网发展的空间差异受到诸多因素的影响。首先，信息化水平的差异实际上反映了经济发展水平的差异。全球层面的数据表明，人均 GDP 指标能够较好地解释各国互联网主机分布的差异（胡鞍钢，周绍杰，2002；Chakraborty，Bosman，2005）。在中国，地区之间的人均收入分布差异同样也被认为是造成数字鸿沟的重要原因（汪明峰，2005a；卢鹤立，刘桂芳，2005b）。其次，有些学者认为地区居民的受教育程度对互联网的普及也相当重要（刘文新，张平宇，2003；王如渊，金波，2002）。还有研究表明在互联网普及影响因素中城市化水平比大学教育水平更重要（Pelletiere，Rodrigo，2001），认为城市化水平是独立于收入和教育之外的一个因子（刘卫东，2002；Richardson，Gillespie，2000）。在中国，互联网用户在城市和区域中的增长和分布状况与城市化进程紧密相关（汪明峰，2005a）。互联网的普及还有技术基础，或者说新的技术对传统技术存在一定程度的依赖性。通信技术的引进水平和传统信息基础设施对互联网的普及也起到重要的作用（胡鞍钢，周绍杰，2002；张平宇等，2006）。此外，还有其他一些因素也被用于解释数字鸿沟的成因，如社会因素（Chakraborty，Bosman，2005；Guillen，Suarez，2005）、政治层面的权利关系（Warf，2001），以及对外开放程度（胡鞍钢，周绍杰，2002），等等。

总体而言，已有的研究较多集中于某一空间层面上，对特定时间的数字鸿沟区域差异状况进行了分析及成因解释。但大多数研究往往是静态的分析，缺乏细致的动态比较，特别是没有呈现其变动过程和趋势，更缺少对其变动机理的解释，有必要对互联网发展的空间差异进行动态的考察，探究其变动的趋势和影响因素。下文从中国的省际层面对此问题展开研究。

第二节 研究方法与数据来源

本章所采用的互联网普及率指标是研究互联网发展的常用指标，即互联网用户占总人口的百分比，其反映的是互联网在社会人群中应用的广泛程度。这里参照区域经济增长收敛理论的基本假定，利用计量模型，对1997～2008年中国31个省（自治区、直辖市）（不包括港澳台地区）① 的互联网普及率进行收敛性检验，并在检验过程中引入条件变量，来探讨这些变量对互联网普及水平的影响作用。

一、研究方法

类比区域经济增长收敛的假说（沈坤荣，马俊，2002；覃成林，2004），本书对互联网普及水平的区域差异变动提出3种假说。①σ-收敛，指不同区域间互联网普及率的变异系数随时间的推移而趋于下降。②β-收敛，是与时间序列相关的假说，可分为绝对β-收敛与条件β-收敛两种形式。所谓绝对β-收敛，是指经济、开放度、文化等相似的区域具有相同的互联网普及状况，而互联网普及率较低的地区与普及率较高的地区相比，互联网普及速度更快，从而所有区域最终将收敛于相同的互联网普及水平。所谓条件β-收敛，是指不同区域之间具有各自不同的经济、开放度、文化等特征，因而具有不同的互联网普及率，从而不存在绝对的收敛。因此，只有在模型中控制了这些特征，各区域之间才呈现明显的收敛性。③俱乐部收敛（club convergence），指在具有相同的经济、开放度、文化等结构特征的区域间存在着一定的增长收敛趋势。

（一）σ-收敛

σ-收敛能够反映各区域互联网普及水平偏离整体平均水平的差异及其不平衡

① 本书在进行省份分析时都不包括港澳台地区。

的动态过程。事实上，用σ来表示其离散水平是无法反映各区域之间的真实离散度的，而采用变异系数（CV）可以克服这种平均互联网普及水平的影响。这里用变异系数来对互联网普及水平的收敛性做出总体判断。σ-收敛性的检验方程为

$$\sigma_t^2 = \left[\sum_{i=1}^{n}(Y_{it} - \overline{Y_{it}})^2\right]/n \tag{2-1}$$

$$CV_t = \sigma_t / \overline{Y_{it}} \tag{2-2}$$

式（2-1）和式（2-2）中，Y_{it}表示第i个区域在时间t的互联网普及率；$\sigma_t{}^2$为n个区域的互联网普及率在t期的方差，σ_t为标准差。CV为变异系数，它的值为标准差除以各区域互联网普及率的均值。如果变异系数随着时间t变小，即$CV_{t+1} < CV_t$，说明这n个区域的互联网普及存在σ-收敛；反之，则不存在σ-收敛。此外，考虑到个别省份在某些年份的变异系数为零，且数值间的数量级差别不大，故采用实际值进行计算。

（二）β-收敛

当一个互联网普及水平较低的区域比一个水平较高的区域互联网普及得更快时，水平较低区域的指标将赶上较高地区的指标，这样的收敛性称为β-收敛性。本章引用Barro与Sala-i-Martin的经典模型（Barro，Sala-i-Martin，1991），其计量检验方程如下：

$$\frac{1}{t} \cdot \ln\ (Y_{it}/Y_{i0}) = \alpha + \frac{(1-e^{-\beta t})}{t} \cdot \ln Y_{i0} + u \tag{2-3}$$

式（2-3）中，α为常数项，Y_{it}表示第i个区域在t时期的互联网指标，$1/t \cdot \ln\ (Y_{it}/Y_{i0})$是从基期0到第$t$期内的平均增长率；$u$是随机扰动项。当$\beta>0$时，这$n$个地区互联网普及率呈现$\beta$-收敛，$\beta$值越大，收敛趋势越强；反之，$\beta<0$则说明$n$个地区的增长率趋于发散，即不存在$\beta$-收敛（魏后凯，1997；Henley，2005）。

β-收敛是针对互联网普及率的增长速度而言的，检验绝对β-收敛的目的是确定互联网水平较低地区能否赶上较高地区，而检验条件β-收敛的目的则是检验其能否收敛到自身稳定状态。如果式（2-3）的回归结果取决于初期的互联网普及率，且不受其他附加变量的影响，那么就属于绝对β-收敛。然而，已有学者（张平宇等，2006）证实，地区互联网普及率的增长率不仅取决于初期的互联网普及水平，而且也受到诸如经济发展水平、城镇化水平、基础设施水平、居民受教育程度、对外开放度和地理位置等其他因素的影响。为此，我们将新的变量加入到式（2-3）。此时，β系数衡量的实际上是一种条件收敛，即收敛的速度将同时取决于其他参数的差异。用Sala-i-Martin增长理论中的公式来表示（Sala-i-Martin，1996）：

$$\frac{1}{t} \cdot \ln\ (Y_{it}/Y_{i0}) = \frac{\alpha + (1-e^{-\beta t})}{t} \cdot \ln Y_{i0} + \lambda \Psi\ (X_{it}) + u \tag{2-4}$$

式（2-4）中，X_{it}为一组控制变量，加上这一组变量后能使区域互联网的普及处于稳定状态。如此，地区的互联网用户的增长率可能与互联网普及率的初始水平和X_{it}都有关系。

（三）俱乐部收敛

俱乐部收敛的检验以 Sala-i-Martin 的模型为基础（Sala-i-Martin，1996），其检验方程为

$$\gamma_{it}=\alpha_1-\alpha_2\ln(Y_{i0})+\varepsilon_{it} \tag{2-5}$$

式中，γ_{it}为t年间区域i的互联网用户的平均增长率；Y_{i0}为基期区域i的互联网普及水平；α_1为常数项，α_2为待估参数；ε_{it}为随机扰动项。如果α_2为正值，就称这n个区域间呈现俱乐部收敛；若α_2为负值，则表明n个区域间趋于发散（沈坤荣，马俊，2002；覃成林，2004）。

二、数据选取与来源

根据中国互联网络信息中心（China Internet Network Information Center，CNNIC）公开的统计资料，获取 1997～2008 年各省（自治区、直辖市）的互联网普及率数据。其他如城镇化水平、人均 GDP、对外开放度、信息基础设施水平、受教育程度等指标均来自历年《中国统计年鉴》（国家统计局，1998～2009）或通过其数据计算得出。

第三节　分析结果与讨论

一、σ-收敛检验

1997～2008 年，中国 31 个省（自治区、直辖市）的互联网普及率的变异系数呈下降趋势，说明中国互联网的区域普及存在σ-收敛（图 2-1）。变异系数从 1997 年的 3.35 下降到 2008 年的 0.55，表明这一时期中国互联网的普及具有空间趋同趋势，互联网普及水平的区域差距以较快速度缩小。

二、β-收敛检验

（一）绝对收敛

σ-收敛仅说明中国互联网的发展在普及水平上存在趋同，但不能说明互联网

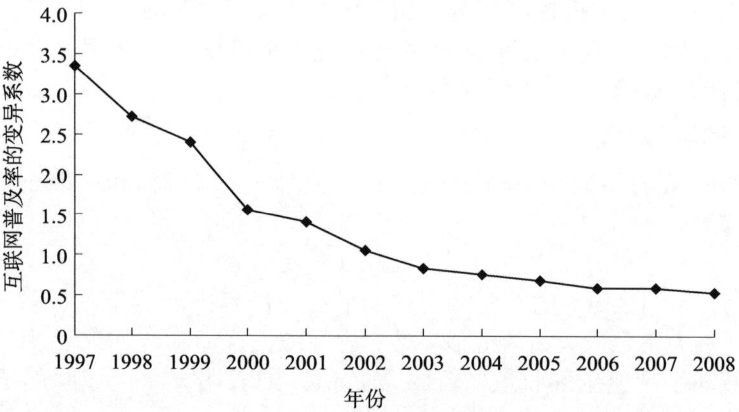

图 2-1 1997～2008 年中国互联网普及率区域差异的变异系数

普及率较低区域的增长速度是否高于水平较高地区。为此，需对各区域的互联网普及率进行 β-收敛检验。根据 β-绝对收敛检验回归方程，对 1997～2008 年中国省际互联网用户的增长情况进行回归分析。以样本基期互联网普及率的对数值为解释变量，以样本观察期间互联网用户的年平均增长率为因变量，利用 Eviews5.0 软件进行回归分析，得出结果如表 2-1 所示。β 值为正，并且 β 系数的 t 检验值为－13.464，基本统计量 t 在 95％水平上显著，可通过显著性检验，回归拟合优度为 0.862，即回归方程的拟合程度较好，说明中国互联网的普及呈现出较为明显的绝对收敛趋势。这一检验结果也符合区域经济增长理论中的一个定理：β-收敛是 σ-收敛的必要而非充分条件。

表 2-1 1997～2008 年中国互联网普及率的 β-绝对收敛检验

样本数量	β 值	R^2	t 值	F 值	DW 值
31	0.116	0.862	－13.464	181.277	2.596

（二）条件收敛

条件 β-收敛是在式（2-3）的基础上引入新的变量，而新变量的引入可以根据分析的具体情况而定。综合已有的研究结果，区域的经济发展水平、科学文化（受教育）水平、对外开放程度、信息基础设施状况、城镇化水平和地理位置等是影响区域互联网普及的重要因素。这里分别选取各省份的人均 GDP、十万人拥有大专及以上学历者数量、万人接待国际旅游人数、万人长途光缆线路长度、非农人口占总人口比例，以及省份所处的东、中、西部地区地理位置等指标作为决定中国互联网普及率稳态的条件。

利用 Eviews 软件对互联网省际普及率进行条件 β-收敛检验，得出结果如表 2-2所示。通过将表 2-2 中的 R^2 与绝对 β-收敛中的 R^2 相比较可以看出，加入上述条件变量后，条件收敛模型显然比绝对收敛模型具有更高的拟合优度，基本统计量 t 在 95%水平上显著。进一步分析结果可知，使中国互联网用户增长呈 β-条件收敛的首要影响因素是人均 GDP，加入人均 GDP 这一条件后，β 估计值达到 0.253。另两个重要因素是城镇化水平和对外开放度，其 β 估计值分别为 0.204 和 0.201。其他引入条件对我国互联网的普及呈 β-收敛也均有不同程度的促进作用。这说明人均 GDP、城镇化水平、对外开放度、居民受教育程度、基础设施水平、地理位置等动态变量均为影响中国互联网普及收敛性的重要变量。如果政府在适度调控的前提下控制以上动态变量，即可促使我国各省（自治区、直辖市）互联网普及水平收敛于各自的稳态。

表 2-2 1997～2008 年中国互联网普及率的 β-条件收敛检验

条件变量	β 值	R^2	t 值	F 值	DW 值
人均 GDP	0.253	0.937	−17.806	207.941	2.224
受教育水平	0.155	0.872	−9.818	95.682	2.616
城镇化水平	0.204	0.913	−14.721	147.125	2.571
对外开放度	0.201	0.892	−11.542	116.045	2.625
基础设施水平	0.138	0.878	−13.083	101.082	2.592
地理位置	0.155	0.894	−14.027	118.002	2.399

注：6 项指标在计算前均进行了对数化，$n=31$

三、俱乐部收敛检验

尽管从省际层面来看，互联网普及存在收敛，但较小范围的区域内部是否存在收敛仍不确定，下文进一步对全国三大地区作俱乐部收敛分析①，结果如表 2-3所示。

表 2-3 1997～2008 年中国三大地区内部互联网普及率的俱乐部收敛检验

地区	样本数量	系数 α_2	R^2	t 值	F 值
东部	11	0.068	0.946	−12.562	157.814
中部	8	0.089	0.849	−5.818	33.848
西部	12	0.098	0.918	−10.604	112.447

1997～2008 年，中国东、中、西部互联网普及率年均增长率与 1997 年互联网普及率均存在着负相关关系，相关系数分别为 0.068、0.089 和 0.098；东部地区 R^2 为 0.946，中部地区 R^2 为 0.849，西部地区 R^2 为 0.918，拟合优度都较

① 本书中的三大地区范围划分根据 2000 年中国政府在制定西部大开发战略时的调整结果，西部地区包括四川、重庆、贵州、云南、西藏、陕西、甘肃、青海、宁夏、新疆、广西、内蒙古 12 个省级行政区；中部地区包括山西、吉林、黑龙江、安徽、江西、河南、湖北、湖南 8 个省级行政区；东部地区包括北京、天津、河北、辽宁、上海、江苏、浙江、福建、山东、广东、海南 11 个省级行政区。中国互联网络信息中心提供的统计报告也采用了此种地区划分方法。本书如无特殊说明，三大地区均按此划分。

好，t值在95%水平上显著，说明3个地区都存在着显著的俱乐部收敛。另外，比较三大地区的α_2值可知，东部地区的β收敛速度慢于中部，中部又慢于西部。由此表明，区域所处的地理位置对互联网的普及具有重要影响，这也在一定程度上验证了条件β-收敛中选取地理位置这一变量的合理性。

四、进一步讨论

综上所述，中国互联网普及水平整体是趋同的，东、中、西部也存在着俱乐部收敛，但东、中、西部的收敛速度存在较大差异。这一现象可以用创新扩散理论来解释（Rogers，1995）：创新事物在一个社会系统中要能继续扩散下去，首先必须有一定数量的人采纳这种创新事物。通常，这个数量是人口的10%～20%。创新扩散比例一旦达到临界数量，扩散过程就起飞，进入快速扩散阶段。饱和点（saturated point）的概念是指创新在社会系统中一般不能100%扩散。事实上，很多创新在社会系统中最终只能扩散到某个比例。当系统中的创新采纳者再也没有增加时，系统中的系统采纳者比例，就是该创新扩散的饱和点，最终创新事物普及的曲线通常呈S形。

截至2008年年底，中国互联网普及率仅达22.6%，其中东部地区达到33.6%，中西部分别为15.8%和15.9%。比较三大地区互联网普及的变动趋势（图2-2），可以发现，东部地区和中西部地区之间存在显著的差异，而中部和西部的增长曲线几乎是重合的。这在一定程度上表明，目前中国互联网普及的区域差异主要还是体现在东部和中西部之间。根据创新扩散理论，2008年中国互联网的普及整体上处于初期到快速增长阶段的过渡期，其中东部地区已进入快速扩散阶段，而中西部还处于初期增长阶段。由于东部地区各省（自治区、直

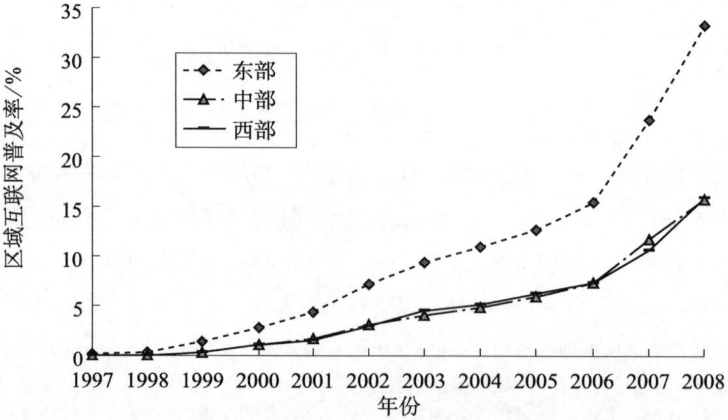

图2-2 1997～2008年中国三大地区互联网普及率的变动趋势比较

辖市）的互联网普及刚步入快速增长时期，区域内省际互联网普及率差异较大，因而俱乐部收敛的速度就慢一些；相反，中西部地区的互联网普及处于较低水平，区域内省际互联网普及率差异不是太大，因而俱乐部收敛的速度就较快。

鉴于现有数据的可获取性，本章讨论的差异问题仍然集中于“有”与“没有”之间。但事实上，数字鸿沟具有多维性和多重性，接入信息设备并获取信息仅仅是最基本的层面，还需要考虑使用者在利用信息资源的能力及判断信息价值的能力上也存在巨大的差异（金文朝，金锺吉，2005），当基本的技术逐渐普及之后，后两者的能力或许将变得更为关键。因此，如果更新的技术和应用被不断地创新出来，仍然延续原有的扩散路径，那么数字鸿沟将无法消除甚至加剧。前文的分析结果表明接入互联网的区域差异正在缩小，但这并不表示已经解决了数字鸿沟问题。事实上，东部和中西部地区在接受更新的信息技术或者在互联网的利用水平上，仍然差异明显。根据中国互联网络信息中心的调查，中西部地区网民的信息意识明显低于东部网民（中国互联网络信息中心，2009）。虽然“西部大开发”与“中部崛起”等区域发展政策促进了中西部经济的发展，而互联网则为中西部经济的发展起到推波助澜的作用，但是人们的信息意识仍然是互联网能否有效推动区域发展的基础。

第四节　小　　结

本章采用σ-收敛、β-收敛和俱乐部收敛三种分析方法，对1997～2008年中国省际（港澳台地区除外）互联网用户增长的收敛性进行了探析，并对影响互联网普及水平的关键因素进行了条件β-收敛的检验。结果发现：12年来，中国互联网用户增长的省际差异变动存在着较为明显的σ-收敛和β-收敛。通过控制人均GDP、城镇化水平、基础设施水平、受教育程度、对外开放度、地理位置等变量后分析发现，初始互联网普及率较高的地区与普及率较低的区域相较互联网普及率的增长率低，地区间存在条件β-收敛。目前，中国互联网普及的区域差异仍然显著，各区域存在自身的稳态，其内部均向这一稳态收敛。东、中、西三大区域存在着较为显著的俱乐部收敛趋势，收敛速度则表现为东部慢于中部，中部慢于西部。当然，本章分析所得到的收敛结果仅限于互联网的普及层面，这只是体现当前区域信息化发展水平的一个方面。伴随着技术的不断进步和应用，还需要开展更多的研究来准确地把握区域信息化差异的变化趋势。

本章的结论在中国省际层面上支持了新古典机制下的条件收敛假设，即一个地区当前互联网普及率距稳态互联网普及水平的距离越远，其互联网用户的增长率就越大。如果控制各省（自治区、直辖市）的条件变量，那么相似的地区有相似的互联网普及率，其互联网普及水平将长期趋于收敛。决定我国各地区互联网普及能否呈现稳态增长的因素包括经济发展水平、城镇化水平、教育水平、对外开放度和信息基础设施水平等。由此可见，落后地区可以通过改变决定稳态互联网普及水平的变量来改变长期稳态水平，如提升地方经济发展水平，加快城镇化进程，提高教育水平，加大对外开放度，以及改善信息基础设施等，促使互联网普及率提升。从国家制订的《2006—2020 年国家信息化发展战略》实施，到全国“村村通电话，乡乡能上网”工程的推进，近几年国家实施的诸多政策和措施已经极大地促进了中国农村及中西部地区的互联网发展。当然，政府在制订互联网发展政策时，还要根据各地区不同的互联网普及水平和影响因素，因地制宜，合理发展。尤其是欠发达的中西部地区需加快提高信息意识，充分发挥新技术带来的后发优势，寻求新的区域发展路径，最终缩小中国区域发展的差异。

第三章 互联网技术的空间扩散与区域差异

区域差异一直是国内外学术界和政府关注的热点问题。传统的区域差异测度通常是通过统计模型对指标进行加权评判来进行的（胡良民等，2002）。但已有不少研究表明，几乎所有空间数据都具有空间依赖或空间自相关特征（鲁凤，徐建华，2007）。因此，越来越多的学者将空间相关性融合到区域研究中，以期更准确地考察各种尺度下的空间差异问题。同时在研究技术上，探索性空间数据分析方法（exploratory spatial data analysis，ESDA）也日趋成熟。作为一系列空间数据分析方法和技术的集合，ESDA 方法以空间关联测度为核心，通过对事物或现象空间分布格局的描述与可视化，发现空间集聚和空间异常，可以揭示研究对象之间的空间相互作用机制，从而帮助我们更深入地理解区域差异问题（Anselin，1999）。

本章应用 ESDA 方法探讨互联网技术的空间扩散和区域差异。尽管不少国内外学者已对互联网发展的区域差异问题进行了研究，但几乎所有的文献都是在一个重要的假设前提下展开分析的，即将各个空间单元当作完全独立的个体，从而忽略它们之间潜在的相互作用关系。事实上，各个区域之间从来就不是相互独立的，区域之间必然存在信息流、资金流、物流、人流等多种要素的联系。作为一种新技术，互联网的普及很大程度上可看作是一种技术的空间扩散过程。由于空间扩散效应的存在，每个区域的互联网发展状况必然会受到其相邻区域的影响。而其中，空间距离的作用不可忽视（Starrs，1997）。本章着眼于技术的空间扩散过程以分析互联网发展的区域差异问题，引入 ESDA 空间统计模块，采取空间自相关分析方法，利用中国 31 个省级行政区域（未包括港澳台地区）在 2000～2013 年的互联网统计数据，研究互联网技术普及的空间分布特征及其演化过程。

第一节 技术扩散及其空间效应

Hagerstrand（1952）最早从空间视角研究了创新扩散理论。不少应用于西方国家的实证研究证明了空间距离与技术扩散程度成负相关关系（Jonathan，Kortum，1999；Keller，2002）。在国内，周密（2010）发现空间距离对区际技术扩散起着基础性的作用，并且技术性因素与空间距离在一定条件下呈现替代关系。舒元与才国伟（2007）运用非线性广义最小二乘法，探讨了省际技术进步的空间扩散问题，结果证实中国存在着从北京、上海、广东向其他省区的技术扩散，而且这种扩散依赖于空间距离；技术扩散地区的人力资本投资、产业结构调整和专业化不仅能够带动自身的技术进步，而且能够促进其他省区的技术进步。

当然，影响技术扩散的不仅仅是距离，技术势能和扩散通道也受到国内外学者的普遍关注。技术势能表现为特定地域技术水平的高低，是影响技术扩散的决定性因子之一。技术势能在地理空间上分布不均匀，导致技术扩散在空间上的不连续性。适当的技术势差是顺利实现技术扩散的必要条件，只有引入“合适技术”才能实现技术的最终扩散，并且技术扩散的速度与技术势差是成正比的。由于技术在空间扩散过程中也会受到各种自然与社会因素的影响，从而表现出不同的技术扩散空间路径。许多学者从不同角度阐述了技术扩散通道的内涵，并指出技术扩散通道具有非均质性和动态性等特点，并一致认为畅通的技术扩散通道有利于技术扩散，反之则阻碍技术扩散（林兰，2010）。徐力行与高伟凯（2007）将投入产出的分析方法推演到部门间产品嵌入式创新扩散模型中，并用该模型探讨了中国制造业内部创新扩散的通道及其特点。

相关学者对技术扩散理论作了进一步的研究。Fagerberg（1988）较早研究了技术差距理论，从技术的国际扩散角度对追赶或趋同的问题做出了解释，并提出了知识的“溢出”概念，认为技术扩散之所以能够提高落后地区的经济增长速度，是因为得益于知识的溢出效应。20 世纪 90 年代后，以 Krugman（1991b）为代表的新经济地理学家提出了新的技术扩散理论，认为知识在短距离内比远距离更易于流动，在一个产业地理集中的区域，技术外溢可能发挥很大的作用，因而强调技术外溢是促使产业地理集中的原因之一。赖明勇等（2005）利用 1996～2002 年中国省域面板数据进行分析，发现技术吸收能力对技术外溢效果具有决定作用，因此不同地区应该综合自身的情况来引进适宜的技术。改革开放以来，中国省区之间，特别是从北京、上海、广东等地向其他省区的技术空间扩散成为缩小区域差距的重要方式。随着中国改革开放进程的不断推进，发达地区的先发优势将逐步削弱，而欠发达地区的后发优势将逐步强化，其发展机会将逐渐增多。

互联网作为一门新兴的技术，无论是全球还是国家内部各区域间互联网的发展水平都存在较大差异。贾丹华等（2002）对国际互联网发展现状进行了一系列研究，发现发达国家与发展中国家存在严重的信息不对称，使得全球信息安全问题更加突出，从而使全球政治经济的稳定受到威胁。Loo（2003）利用互联网用户数量、域名数量等指标对亚洲国家特别是中国的互联网发展情况进行了研究，发现各区域间存在着较大的区域差异。刘文新与张平宇（2003）从网络普及率、网络信息资源丰度及互联网商业应用三个角度初步探讨了中国互联网发展存在的区域差异，并设计了互联网发展指数（Internet development index，IDI）来反映互联网发展的综合水平，研究结果表明东部地区的发展水平明显高于中部和西部地区，但与传统意义上的经济发展梯度不同的是，西部地区的互联网发展水平稍高于中部地区。王如渊与金波（2002）通过对CN下注册的域名、WWW站点及互联网用户等要素进行分析，发现中国东部沿海地带省份互联网发展水平远远高于中西部地带，呈东、中、西三带递减规律。上述研究多为关于互联网技术的区域差异与外部影响因素的，较少涉及区域差异的内在机制。本章则试图利用探索性空间数据分析方法，从空间扩散的角度，探讨中国互联网技术的区域差异问题。

第二节 互联网普及的区域差异

一、指标选取与数据来源

与第二章相同，本章仍选取互联网普及率这一指标来衡量新技术在当地的扩散程度。从1997年起，中国互联网络信息中心每6个月对互联网发展情况做一次统计，截至2013年底，互联网用户已达6.18亿，占世界互联网用户的22.89%。考虑到数据的获取及可比性，本章研究的区域为中国31个省（自治区、直辖市）（港澳台地区除外），考察时期为2000～2013年。各省份的互联网普及率数据均来自CNNIC的统计报告。

二、研究方法

采用泰尔指数对中国互联网发展的区域差异进行分析。泰尔指数是依照信息熵理论提出的一个可以按照加法分解的不等系数，该系数可以分解为互相独立的组间差异和组内差异而被广泛应用于区域整体差异及区域间差异的实证研究。泰尔指数计算公式如下：

$$T = \sum_{i=1}^{n} p_i \lg\left(\frac{p_i}{y_i}\right) \tag{3-1}$$

式中，T为泰尔指数；n为研究样本数；p_i为i省的人口占研究区总人口的比重；y_i为i省互联网用户占研究区互联网用户的比重。泰尔指数越大表示省际差异越大；反之，泰尔指数越小在空间上表示越均衡。泰尔指数具有可分解特征：

$$T = T_b + p_E T_E + p_C T_C + p_W T_W \tag{3-2}$$

其中，T_E、T_C、T_W分别为东、中、西部的内部差异，T_b为三大地区区间差异，计算公式如下：

$$T_b = p_E \lg(\frac{p_E}{y_E}) + p_C \lg(\frac{p_C}{y_C}) + p_W \lg(\frac{p_W}{y_W}) \tag{3-3}$$

此外，区间贡献率是指三大地区的区间差异占总体差异的百分比，而区内贡献率则是区域内部差异占总体差异的百分比。

三、分析结果

表 3-1 显示了中国互联网使用的区域差异的泰尔指数及二次分解的结果。可以看出，2000 年以来中国互联网使用的区域差异总体呈现逐渐缩小的趋势，其中 2000～2003 年全国差异迅速下降，这一时期东部互联网普及差异缩小尤为显著，而中部和西部则都有不同程度的扩大。这主要是因为互联网在个别省份迅速扩散，在东部地区表现为追赶，缩小与北京、上海之间的差距；而在中西部地区表现为异军突起，扩大了区域内部的差异。2004～2006 年，全国总体差距持续缩小，但速度明显减弱，三大地区与全国的变化趋势十分相似。2007～2013 年，全国及各地区的差异均呈现出先缩小后逐渐趋于平稳的状态①。在互联网发展初期，东部少数经济发达省份优先普及，而中西部地区普及微乎其微，导致这一时期内地区间拉开巨大差距。随着互联网广泛普及，全国的互联网普及率差异逐渐缩小。

表 3-1　2000～2013 年中国互联网普及率的区域差异及分解

年份	全国	区间贡献率/%	区内贡献率/%			
			总和	东部	中部	西部
2000	0.1226	39.38	60.62	74.68	14.34	10.98
2001	0.1111	41.94	58.06	75.38	11.21	13.41
2002	0.0834	39.81	60.19	50.70	33.27	16.04
2003	0.0610	48.63	51.37	53.48	30.25	16.28
2004	0.0539	51.78	48.22	49.28	30.87	19.85
2005	0.0506	57.39	42.61	50.56	26.49	22.95

① 2007 年，CNNIC 对网民的统计口径作了调整。根据中国互联网络信息中心（2007）统计报告的说明，网民的定义由原先的平均每周使用互联网至少 1 小时的 6 周岁以上中国公民，改为半年内使用过互联网的 6 周岁及以上中国公民，但两个统计口径之间的数据已非常接近（差异在 3%以内）。

续表

年份	全国	区间贡献率/%	区内贡献率/%			
			总和	东部	中部	西部
2006	0.0463	61.97	38.03	49.39	28.29	22.32
2007	0.0522	56.49	43.51	69.76	7.95	22.29
2008	0.0460	60.63	39.37	61.29	15.35	23.36
2009	0.0264	65.01	34.99	58.71	21.67	19.63
2010	0.0186	61.85	38.15	51.06	22.90	26.04
2011	0.0198	63.96	36.04	54.87	21.90	23.23
2012	0.0157	63.49	36.51	55.96	22.08	21.96
2013	0.0105	64.41	35.59	54.98	20.97	24.04

中国三大地区间的差异值得深入分析。通过泰尔指数的分解发现，互联网发展初期地区的内部差异才是差距产生的主要来源，但近十年来地区间差异的贡献率逐渐赶超区内差异，并显现出越来越突出的趋势。2000 年三大地区的内部差异贡献率为 60.62%，而区间差异仅占 39.38%；2013 年内部差异贡献率下降到 35.59%，区间差异以 64.41%的贡献率成为中国互联网差异的主要来源。

各地区的内部差异分别呈现出以下特征。首先，到 2013 年为止，互联网普及的内部差异的主要是由东部地区的差异引起的。2000～2001 年，东部的差异贡献率都在 70%以上，这主要是由于北京、上海的优势显著，与其他省份拉开差距。2000 年北京的万人网民数为 2043.80 人，而同年海南的万人网民数仅为 88.40 人，北京是海南的 23.12 倍。随后的十年中，东部省份互联网迅速普及，2013 年北京万人网民数为 7356.97 人，是东部最低省份山东的 1.65 倍。尽管东部地区互联网发展的极差显著缩小，但仍然是全国互联网差异的主要贡献者。

其次，中部地区互联网差异波动比较剧烈。2002～2006 年，中部地区区内贡献率骤然增加，这主要是因为山西超过湖北成为中部互联网普及率最高的省份。在此期间中部地区的互联网用户大幅度增加，尤其是山西省的增速明显大于其他中部省份，导致内部差异稍有扩大，贡献率仍一度超过 30%。但随后湖北也加快互联网普及速度，二者差距缩小，中部发展水平相对均衡，差异贡献率又减少到 20%左右。

最后，西部地区的差异贡献率逐渐增大。2000～2003 年，西部地区互联网普及程度相对较低，而且内部差异不大。重庆与陕西作为西部互联网最发达的地区，二者差异也很小。2004～2006 年，陕西逐渐赶超重庆，成为西部地区互联网普及程度最高的省份，同时使西部内部的差异贡献率扩大到 20%以上。2007～2013 年，新疆的互联网迅猛发展，普及程度大幅度提高，远远超过西部其他省份呈现一枝独秀的状态，并把差异贡献率提升到 26.04%的最高点。

近年来，尽管一些落后地区的技术基础设施有了一定的提升，但是在数量的鸿沟延续的同时，质量的鸿沟进一步加剧。21 世纪以来，互联网技术的深化和扩散同时发生。技术深化主要出现在发达地区，虽然这些地区互联网用户增加率降低，但是网络功能、上网速度、社会对技术的应用能力有了质的飞跃，已进入信息化发展的新阶段。与此同时，技术的低端部分开始向落后扩散。尽管落后地区互联网普及率绝对数量有所上升，但其整体水平还处于信息化发展的初级阶段。数字鸿沟的表现已经从“数量”和“接入”的不平等，转向信息技术“质”的不平等，其中包括设施的功能升级（宽带技术、第二代互联网、云计算等）及用户的经验和能力的变化。

第三节　互联网扩散的空间分析

一、探索性空间数据分析方法

ESDA 对空间信息的性质进行分析、鉴别，用以引导确定性模型的结构和解法，本质上是一种“数据驱动”的分析方法（孟斌等，2005）。ESDA 方法可分为全局统计和局部统计两类：全局统计主要探索某一属性在区域中的分布特性；局部统计通过对子区域的信息分别进行分析，探查区域信息变化是否平滑（均质）或存在突变（异质）。空间自相关的概念最初是由 Cliff 与 Ord（1973）于 1969 年提出，之后许多学者对其进行引用和修正，并在此基础上提出了空间依赖性和异质性的空间统计方法，很好地揭示了地理现象在地域分布上的空间关联关系（Getis，Ord，1992；Anselin，Florax，1995；何江，张馨之，2006；吴玉鸣，陈志建，2009；武剑，杨爱婷，2010）。

本节即通过空间自相关分析来揭示中国区域之间互联网普及水平的空间依赖性和空间异质性，以此来探讨互联网发展的空间扩散过程和区域差异特征。其中空间自相关是检验某一要素的属性值是否显著地与其相邻空间点上的属性值相关联的重要指标。通过计算空间自相关指数来进行全局统计和局部统计。首先对各研究变量进行正态变换，满足空间自相关研究的前提条件，然后通过 GeoDa 软件获取空间权重矩阵，并采用 Moran's I 指数、局部指标（local indicators of spatial association，LISA）和 Moran 散点图来衡量全局和局部空间自相关。

（一）空间权重矩阵

空间分析领域引入了空间权重矩阵，是利用 ESDA 技术进行分析的前提和基础。空间权重矩阵 W 表达了不同空间对象之间的空间布局，相应地构成了统计检验或模型建立的出发点。空间权重矩阵的建立有多种规则，其中常用的有基于邻接规则和基于距离规则。其中，W 的具体形式为（Cliff，Ord，1981）

$$W = \begin{bmatrix} W_{11} & W_{12} & \cdots & W_{1n} \\ W_{21} & W_{22} & \cdots & W_{2n} \\ \vdots & \vdots & & \vdots \\ W_{n1} & W_{n2} & \cdots & W_{nn} \end{bmatrix} \tag{3-4}$$

式（3-4）中 n 表示空间单元个数。这里所采用的空间权重矩阵为简单二进制邻接矩阵，即如果第 i 个（$i \in n$，$0 < i \leqslant n$）空间单元和第 j 个（$j \in n$，$0 < j \leqslant n$）空间单元属于邻接关系，则 $W_{ij} = 1$；否则，$W_{ij} = 0$。

（二）全局空间自相关

当不同观察对象的同一属性变量在空间上表现出一定的规律性，而不是随机分布时，则认为它们之间存在空间自相关。其中，Moran's I 统计量是一种应用非常广泛的全局空间自相关统计量，通过空间自相关分析来分析我国互联网发展的空间依赖程度，观察空间分布的特性，看是否存在某种聚集或发散。用各年度互联网普及率的 Moran's I 指数值来表示其空间自相关程度，计算公式为（Anselin，Florax，1995）

$$I = \frac{N}{\sum_i \sum_j W_{ij}} \times \frac{\sum_i \sum_j W_{ij} (X_i - \overline{X})(X_j - \overline{X})}{\sum_i (X_i - \overline{X})^2} \tag{3-5}$$

式（3-5）中 X_i 和 X_i 分别是 i、j 省份的互联网普及率，$\overline{X}$ 是 X 的均值，W_{ij} 是空间权重，N 为考察的地区总数。Moran's I 的取值范围为［−1，1］，若值大于 0 则表示空间存在正相关，且数值越大表示空间分布的相关性越强；小于 0 则为负相关，表示空间邻接单元不存在相似的属性；若近似为 0，则表示空间服从随机分布。一般采用 Z 检验来检验区域之间是否存在空间自相关关系，Z 的计算公式为

$$Z = \frac{I - E(I)}{\sqrt{\text{VAR}(I)}} \tag{3-6}$$

式中 E（I）代表 I 的期望值，VAR（I）代表其方差。

（三）局部空间自相关

当需要进一步考虑是否存在观测值的局部空间集聚，哪个区域单元对于全局空间自相关的贡献更大，以及空间自相关的全局评估在多大程度上掩盖了局部不稳定性时，就必须应用局部空间自相关分析，一般用 Moran 散点图和局部指标 LISA 来衡量。

Moran 散点图的横轴表示一个变量在不同位置上的观测值向量（Z），而纵轴表示该向量的空间滞后（W_Z）。该图设一个位置上的观测值和其空间滞后之

间的拟合程度，就是 Wz 对 Z 的二元回归系数，该系数在数值上等价于全局 Moran's I。Moran 散点图可以用来探索不同研究对象之间的全局空间关联结构特征，更可以用来识别局部的空间关联模式，以及空间异常值或局部不平稳性等（马荣华等，2007）。

空间联系的局部指标 LISA 满足下列两个条件：①每个区域单元的 LISA 是描述其周围显著的相似值区域单元空间集聚程度的指标；②所有 LISA 总和与全局空间联系指标成正比。局部空间自相关可以用来识别不同空间位置上可能存在的不同空间集聚模式，从而可以观察空间局部不平衡性，发现数据之间的空间异质性，为分类或区划提供决策依据。在空间位置 i 上，其局部 Moran's I 统计量用来计算区域 i 与其邻近区域的相关性。计算公式如下（Anselin，Florax，1995）：

$$I_i = \frac{(X_i - \overline{X})}{S^2} \sum_j W_{ij}(X_j - \overline{X}) \tag{3-7}$$

式中，S 为对应于 X_i 和 X_j 的标准差。

局部 Moran 指数检验的统计量为

$$Z_i = \frac{I_i - E(I_i)}{\sqrt{\mathrm{VAR}(I_i)}} \tag{3-8}$$

在一定显著性水平下，若 I_i 显著为正且 Z_i 大于 0，则表明位置 i 和周围邻居的观测值都相对较高，属高高集聚；若 I_i 显著为正且 Z_i 小于 0，则表明位置 i 和周围邻居的观测值都相对较低，属低低集聚；若 I_i 显著为负且 Z_i 大于 0，则表明周围邻居的观测值远低于位置 i 上的值，属高低集聚；若 I_i 显著为负且 Z_i 小于 0，则表明周围邻居的观测值远高于位置 i 上的值，属低高集聚。

二、互联网扩散的空间分析结果

（一）全局空间自相关

首先对各省份的互联网普及率数据进行正态检验，发现其呈正态分布，满足空间自相关研究的前提条件。然后利用式（3-5）计算各年份中国互联网普及水平的省际空间相关系数 Moran's I 及相对应的标准化统计量 Z。结果发现：2000～2013 年，中国互联网普及率的省际 Moran's I 指数均大于 0，表明空间上存在正的相关性（图 3-1）。十余年间，Moran's I 指数总体上呈上升趋势，其显著性水平也都较高。其中，2000～2006 年相关性一直上升，2007 年略有下降，随后又呈上升趋势。2006 年互联网普及率的全局自相关系数 Moran's I 达到最高值 0.3994，且相关性显著，采用正态分布 99%置信区间双侧检验阈值 2.58 为界限，其正态统计量 Z 远大于该值。这说明中国互联网发展水平在省际层面具有明显的空间集聚特征，即高值区域与高值区域相邻接，低值区域与低值区域相邻接。

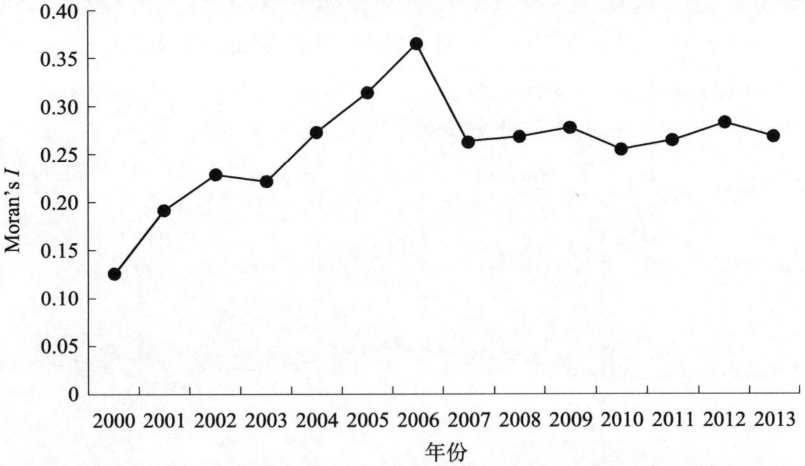

图 3-1　2000～2013 年中国互联网普及率的省际 Moran's I 指数变动

（二）局部空间自相关

通过全局空间自相关的统计量测度数据之间的空间关联程度，可以得到整体上的一种空间关联结构，但是它掩盖了一些局部上的特征或局部空间一定的变异程度。因此，需要在局部尺度上作进一步分析。

1. Moran 散点图

Moran 散点图可以形象地描述互联网普及率的空间集聚状态。其散点图划分为 4 个象限，以此定义和区分某地区与其相邻地区的局部空间联系类型，即：第Ⅰ象限（HH），说明该地区的互联网普及率比较高，其周边地区的互联网普及率也比较高，差异较小；第Ⅱ象限（LH），说明该地区的互联网普及率比较低，但其周边地区的互联网普及率比较高，差异较大；第Ⅲ象限（LL），说明该地区与其周边地区的互联网普及率都比较低，差异较小；第Ⅳ象限（HL），说明该地区的互联网普及率比较高，但其周边地区的互联网普及率比较低，差异较大。位于第Ⅰ象限的地区，属于高水平集聚状态，即所谓的“富裕俱乐部”；而位于第Ⅲ象限的地区属于低水平集聚，即“贫穷俱乐部”。

利用 GeoDa 软件绘出 2000 年和 2013 年中国 31 个省份互联网普及率的 Moran 散点图（图 3-2），计算全局 Moran's I 指数。由图 3-2 可知，少数省份在 Moran 散点图中与其他省份偏离较远，这会使回归线的拟合出现一定偏差，通过进一步分析发现 2000 年偏离较远的省份是北京、天津和上海，2013 年的散点图整体比较分散，但北京、上海、天津依然偏离较远。剔除偏离较远的点（实心点）后再重新计算出 Moran's I 指数，并显示出新的回归线（粗线），四个象限的重新划分也将依据新的横轴（粗线），其他样本集聚于回归线周围。通过比较可以发现，剔除这些点后，Moran's I 指数发生了较大的变化：2000 年的 Moran's I 指数由 0.1248 变为 0.0203，2013 年的 Moran's I 指数由 0.2673 变为 0.1824。这同时也反映出北京、天津、上海这三个在全国具有显著地位和作用的直辖市对全国的全局空间自相关影响很大。

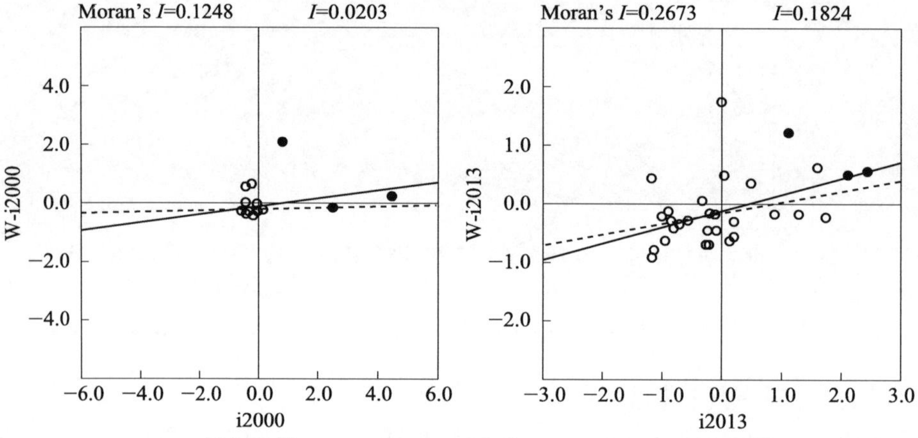

(a) 2000年 (b) 2013年

图 3-2　2000 年和 2013 年中国互联网普及率的省际 Moran 散点图变化

在 2 个年份的 Moran 散点图中，分别有 83.87% 和 74.19%的省份位于高高集聚区或低低集聚区，表现出显著地正的空间自相关，其中属低低类型的省份数量较高高类型的更多。Moran 散点图有助于发现非典型地区，如高低和低高类型的地区，即偏离全局正的空间自相关的地区。由图 3-2 可知，此类省份为数较少，不足总数的 1/5。空间异质性即通过 Moran 散点图上高高、低低二类鲜明的空间分异体现出来。事实上，计算结果表明 2000～2013 年的所有年份均表现出显著地高高集聚或低低集聚。

表 3-2 进一步从个体的角度比较每个省份所处象限的变动。2013 年的互联网发展空间格局与 13 年前相比变化较大。河北、江苏、福建和上海的互联网发展水平有了很大的提高，使河北和江苏由低高集聚区进入高高集聚区，福建和上海分别由低低集聚区和高低集聚区进入高高集聚区。这两省又邻近上海，使得上海由高低集聚区进入高高集聚区。河北邻近北京与天津，当其互联网水平得到提高后形成京津冀高高集聚区。同样，江苏互联网水平的提高不仅使自身迈入高高集聚区，而且使上海也加入高高集聚区。福建的互联网发展水平也有很大程度的提高，加上其邻近地区浙江、广东的水平都较高，使其由低低集聚区进入高高集聚区。近年来，随着互联网技术的快速扩散，辽宁、山西、新疆和青海的互联网普及率迅速上升，扩大了与周边省份的差距，打破了中西部省

份低低集聚的困境，进入高低集聚区。

表 3-2　2000 年和 2013 年中国互联网普及率的省际集聚类型变化

类型	2000 年	2013 年
高高集聚	北京、天津	北京、上海、天津、福建、江苏、河北
低高集聚	河北、江苏、	海南、江西
高低集聚	广东、浙江、上海	广东、浙江、辽宁、山西、新疆、青海
低低集聚	福建、江西、辽宁、山西、四川、青海、新疆、甘肃、黑龙江、吉林、内蒙古、宁夏、云南、贵州、陕西、重庆、西藏、河南、山东、湖北、湖南、广西、安徽、海南	四川、甘肃、黑龙江、吉林、内蒙古、宁夏、云南、贵州、陕西、重庆、西藏、河南、山东、湖北、湖南、广西、安徽

总体上看，当前互联网发展水平高高集聚区主要位于东部沿海地区；低低集聚区主要处在广大中西部地区；而位于低高或高低集聚区的 8 个省份则处于东部和中部地区的非核心地区。这反映了全国互联网发展在空间分布上的不均衡性，即互联网发展水平较高的省份集聚于东部沿海，而水平较低的省份则集聚于中西部，但这两个地区内部则较多地表现出空间相关性。另外，互联网发展的区域差异还表现在东部和中部非核心地区的低高或高低集聚。这些结果综合反映了中国互联网发展水平在省际层面上存在的空间自相关性和异质性。

2. 局部空间自相关及空间关联指标（LISA）分析

由于 Moran 散点图没有给出显著性水平的指标，因此有必要计算 LISA 再进一步探究空间分析的结果。利用 GeoDa 软件计算 31 个省份的 LISA 指标，并且在 Z 检验的基础上（$p\leqslant 0.05$）绘制 LISA 分布图（图 3-3）。省份显著性水平较高，表明其互联网发展与邻近地区的动态增长有关，而非随机出现。从空间邻接的位置关系出发，探测到的这些显著的高值集聚区域，从一定程度上可认为代表着全国的核心发展区域；而显著的低值集聚区域，则与全国互联网水平较低的省份相联系。因此，LISA 可以用空间相互作用来解释：信息化水平较高的地区通常经济发展水平也较高，通过同周边地区开展多方面的区域合作，通过人才、知识、技术的流动，对周边地区产生较强的辐射作用，带动其共同发展，形成区域一体化发展的格局。

通过对 Moran 散点图和 LISA 集聚图分析，可以发现：2000 年四川、云南、山西和河南处于低低集聚区，这些省份的互联网普及率均偏低，且与周边的省份互相集聚。2013 年，四川、重庆、云南、陕西、湖北、贵州处于低低集聚区。在此期间，山西省互联网发展十分迅速，已经超越周边省份，而河南省也逐渐赶上周边省份，二者共同脱离了低低集聚中心。同时，西南地区的互联网发展却令人担忧，云南、四川和贵州一直是互联网最不普及的地区，加上重庆和湖北互联网普及增速放缓，互联网普及率位次也有所下降，共同形成较大范围的低低集聚区。然而这也不能代表低低集聚区被长久地锁定在信息贫穷之中，山

(a) 2000年　　(b) 2013年

图 3-3　2000 年和 2013 年中国互联网普及率的省际 LISA 集聚变化

西、辽宁、新疆等地区就通过政府或职能部门政策上的宏观调控取得突破性的发展。落后地区可以有效利用、开发自身的优势，实现资源共享或互补，这对缩小地区间的经济差别有现实意义，值得借鉴。2000 年并没有出现高高集聚中心，虽然当时北京、天津和上海互联网相对普及，但与周边地区落差较大，因此没有显著地高高集聚中心。2013 年，天津成为唯一一个高高集聚中心，这主要得益于河北省互联网普及率的提高，位次从 2000 年的 28 位上升到 2013 年的 12 位。北京和上海是我国互联网普及率最高的两个城市，只有待周边省份互联网进一步提高，才会成为高高集聚中心。经过进一步分析发现，集聚较为显著的省区大都属于高高和低低类型区。综合这两个年份的 LISA 集聚图，可以发现在局部范围内呈现空间集聚性，较为集中的地区为西北地区、西南地区及部分直辖市。从统计学意义上来说，西北、西南地区的省份，其互联网普及率并非处于随机化分布的状态，而趋于集聚，据此可认识到西部落后省份趋于空间集聚的分布特征。

从上述分析结果可知：距离是影响省际技术扩散的重要因素。当其他条件不变时，空间距离越大，省际技术扩散效应越弱；空间距离越小，省际技术扩散效应越强。如此，互联网技术在省际层面的扩散存在着一定的空间范围。中国互联网发展的空间格局表现：东部沿海省份呈高高集聚；广大中西部省份呈低低集聚；而位于低高或高低集聚区的 8 个省份都处于东部和中部地区的非核心地带。在创新极点（北京、上海和天津）周边的一定区域，会首先承接技术扩散，并且其技术扩散的强度随距离的增加而减弱。在中西部地区，由于东部创新极点的技术扩散辐射难以达到，而本地又缺乏创新极点，因此广大的中西部地区呈现低低集聚。处于东部和中部非核心地带的 8 省份或许是东部创新极点技术扩散辐射距离的极限，作为高高集聚与低低集聚区域的过渡带，自身呈现出高低集聚或低高集聚的状况。因此，对于中国这样的非均质后发大国而言，如果不能完全实现自主创新，那么基于国家内部不同区际之间的扩散就难以产生更大的技术进步。

第四节 小 结

本章分析了中国互联网技术的空间扩散与区域差异。通过泰尔指数对中国互联网区域差异进行二次分解，发现互联网发展初期地区的内部差才是差距产生的主要来源，但近十年来地区间差异的贡献率逐渐赶超组内差异，并显现出越来越突出的趋势。接着，本章所采用的 ESDA 分析方法克服了传统统计方法强调样本独立性却忽视样本空间位置及空间关联性的缺点，将空间维度纳入到研究体系中，得到了更加有意义且定量化的分析结果。其中，全局空间自相关分析的结果表明，互联网技术的发展水平在空间上存在正的相关性，表现出很强的空间集聚特征。对 Moran 散点图和 LISA 图像分析的结果反映了互联网技术扩散存在着空间自相关和异质性。在全国省际层面，互联网技术的普及在西部地区存在较为显著地低低集聚，东部沿海地区存在着高高集聚，处于东部和中部地区非核心地带的 8 个省份则存在低高或高低集聚。进一步分析发现，距离是影响互联网技术扩散效应的重要因素，且扩散效应随距离的增加而减弱。结合相关文献发现：中国互联网发展的空间差异与经济发展格局有着千丝万缕的关联。与经济发展机制类似，互联网的发展也存在着溢出效应。因此，基于上述结论可以给出以下政策建议：对于互联网技术普及的低低集聚区，鉴于其处于信息化水平较为滞后的孤岛位置，且大部分位于中西部地区，要进行适当的政策倾斜，加大扶持力度；关键是积极培育一些像西安、重庆、成都等有条件成为新的创新极的大城市，增强其辐射强度，带动中西部广大的欠发达地区。

第四章

互联网、空间溢出与区域经济增长

随着互联网的广泛普及和应用，一些学者认为互联网为经济增长提供新的动力源（Romm，2002）。郎平（2000）曾分别从宏观和微观的角度分析了互联网对世界经济的影响。他认为，在宏观方面，互联网创造出许多全新的产品产生了宏观经济效应，并通过网络化触角使经济更具有规模效应和扩张效应；在微观方面，互联网所带来巨大贡献的无疑是电子商务的迅速兴起。新的信息和通信技术在经济发展中的作用不仅仅反映在它创造了一个新的产业部门，更重要的是它促进了知识的扩散、应用和创新。反映在全球层次上，互联网是全球生产网络扩展的催化剂；而在地方层次上，互联网则是地方产业集群演化的驱动力（汪明峰，李健，2009）。

过去十年，中国互联网飞速发展必然对中国区域经济格局产生了影响。那么，在全球化、信息化的大背景下，中国如何抓住互联网发展的机遇保持经济持续增长，如何面对区域经济发展不协调的挑战，都值得各界关注。因此，厘清互联网对中国区域经济增长的作用规律，有助于相关决策者制定政策与规划，实现经济协调稳定增长。在本章中，我们希望借助新经济增长理论，考察互联网作为一种技术创新，对区域经济增长的作用。同时，引入溢出效应，来解释经济增长区域差异的形成机制。自新经济增长理论提出以来，Paul Romer（1986）开创性地引入溢出效应来解释经济的增长。随后，涌现出大量文献研究了溢出效应与经济增长的关系，如 FDI（Hu，Jefferson，2001）、国际贸易（Eaton，Kortum，1996）、技术创新（Coe，Helpman，1995）、基础设施（张学良，2012）等。本章试图借鉴已有文献，从更广阔的视野来分析互联网对中国区域经济增长的作用，同时也对中国区域信息化政策有所思考。

第一节　文献综述与理论基础

中国省域经济发展差异较大并且互联网发展十分不平衡（本书第二、三章）。数字鸿沟已经成为中国社会经济发展的新的影响因素，可能加剧中国社会空间的分离与破碎化。事实上，在国家之间甚至发达国家之间也可能存在这一趋势。Vicente 与 López（2011）分析了欧盟 27 国的互联网发展情况，发现存在巨大的数字鸿沟，并认为这是区域间收入差异的反映。Noh 与 Yoo（2008）采取 1995～2002 年 60 个国家的面板数据进行分析，发现互联网普及率对贫富差距大的国家有负面的影响，数字鸿沟阻碍经济发展。这一结论与 Zhang（2013）的研究结果十分吻合。事实上，互联网发展本身就存在强烈的空间自相关性（本书第三章）和网络效应（Li，Shiu，2012）。这更加说明空间因素对经济活动的影响不可忽视。国内外的研究者已开始采用空间计量经济学的理论与方法来研究技术创新所带来的知识溢出等问题。Funke 与 Niebuhr（2005）使用空间探索性数据分析和稳健的估计技术测度西德功能区的知识溢出效应，发现地理邻近区域的知识溢出促进了功能区的经济增长。Fischeret（2006）也验证了知识溢出的生产力效应随着地理距离的临近而增强。Jaffe 等（1993）以专利为指标，研究了技术创新的溢出效应，认为地理空间是溢出的重要途径。Moreno 等（2005）探究了欧洲 175 个区域创新行为的空间分布，以及知识生产与扩散过程中技术溢出的作用，并计算出溢出的距离限制在 250km 以内。也有研究表明，互联网与其他技术创新一样也能够产生知识溢出。Bekkerman 与 Gilpin（2013）以美国为例进行研究，认为互联网接入增加了信息的价值和信息需求，建议大都市区应该增加互联网可接入性，以产生信息溢出效应，进而创造更大的经济影响。

传统经济学中的完全竞争和报酬稳定假设存在局限。实际上对贸易、集聚和专业化而言，不完全竞争和报酬递增比完全竞争和报酬稳定更加重要。以 Paul Krugman 为代表的新经济地理学者重新审视了空间因素。然而，互联网的出现仿佛宣告“地理的死亡”（Cairncross，2001），互联网将极大部分信息数字化，并跨越地理空间的障碍极速传播。但也有学者认为事实并非如此，互联网等新的通信技术是对传统面对面交流方式的补充，但不能完全取而代之（Leamer，Storper，2001）。Zook（2009）分析了互联网对距离的“破坏”力及残留的经济摩擦力，结果表明互联网虽然克服了部分距离阻力，但经济摩擦力依然存在。尽管互联网拓展了区域联系的频率和强度，但它并没有完全克服空间距离的作用，反而增加了人们在地方上关系的多样性。另外，互联网不能摆脱现实的区位空间。虽然互联网使交易过程可以忽略空间的因素，但交易还是不可避免地在地理空间上需要实现物流等过程。

因此，互联网可能存在空间溢出效应，溢出效应的作用机制具体如下。一方面，互联网的核心属性是网络，即通过网络将多个区域连成一个整体，区域内部的经济活动在一定程度上克服了空间距离摩擦力。互联网可以产生扩散效应，使发达地区带动相邻区域发展，表现为正溢出效应。另一方面，互联网会产生虹吸效应，造成相邻区域经济发展过慢甚至衰退。互联网的应用会改变所在地区的可达性，并通过吸引更多生产要素注入，提升了该区域的区位优势。特别是经济发达地区，拥有雄厚的资本力量、突出的科技实力、优良的制度环境以及广阔的消费市场等，长期积累的先发优势在互联网作用下得到进一步提升。发达地区的竞争优势突出，而落后地区的经济得不到充分发展，因此产生负的溢出效应。目前中国互联网发展如此不平衡，在这种情况下是否能形成空间溢出效应，溢出效应是正还是负，都值得进一步研究。

综上所述，从理论上分析，中国互联网的快速发展能够促进经济增长，但中国区域经济发展格局与互联网发展格局高度耦合，存在巨大的数字鸿沟和经济鸿沟。这引发了一系列的思考：互联网对发达地区和欠发达地区的经济增长分别产生怎样的影响，究竟是促进区域一体化，还是扩大区域之间的差距。另外，已经有许多研究关注到技术创新所带来的知识溢出效应，但就中国互联网空间溢出效应的研究却很少。而且，目前大多数空间溢出的研究都十分强调空间距离是知识溢出的重要通道。互联网不同于其他技术创新，它高效、具有网络的特征，互联网是否能够发挥自身独特的属性，实现跨区域的溢出，这也值得进一步研究。基于此，本章首先重构内生经济增长模型，探索互联网对中国区域经济增长的作用，接着再将空间溢出这一因素纳入内生经济增长模型，重新考察互联网发展与经济增长之间的关系，以期能更全面客观地反映经济现实，并对现有研究文献作进一步拓展与补充。

第二节　模型构建与数据来源

一、内生经济增长模型重构

互联网渗透到生产和生活中的各种领域、层面和环节，从而对中国经济发展产生广泛的影响，促进中国经济持续增长。为了测算互联网对区域经济的作用程度，本章重构了柯布-道格拉斯（Cob-Douglas）生产函数模型。

根据新古典理论，除了劳动和资本外，还必须将技术进步纳入到分析框架中来。C-D生产函数基本模型是：

$$Y = f(A, K, L) \tag{4-1}$$

在上述生产函数公式中，Y 是社会总产品产量、K 是社会总资本量、L 是社会总劳动量，A 代表了区域技术水平。其中，技术水平 A 是一个很难确定的因素，但诸多学者研究表明互联网是技术水平中重要组成部分，尤其是互联网迅速普及的今天，互联网对区域经济产生直接和间接的促进作用。因此，我们从技术水平 A 中分离出互联网因素。

互联网促进区域经济发展不仅体现在本身带来的互联网经济，更重要的是渗入到各行各业，改变传统产业的生产结构与模式。互联网与传统产业结合的根本是植入智力性、高技术性的部分。而智力性经济活动的存在和进一步发展需要与之相适应的创新环境，同时这种劳动需要一种平等、合作与竞争的文化组织环境，只有在这种环境中，它的创新能力才能得到充分发挥（王辑慈等，2001）。因此，我们认为良好的科学技术环境能够融科学、技术和生产为一体，使互联网形成更巨大的生产力。

以新古典理论为基础的区域经济增长模型把技术进步看成是外生的，而且是不能计量的，在20世纪80年代形成的新经济增长理论则把技术进步当作内生变量，并用人力资本作为指标，使其可以计量化。以 Romer 和 Lucas 为代表的学者提出，对于经济增长来讲，人力资本与物质资本同样重要甚至更重要。

综合以上因素，最终构建了新的内生经济增长模型，用多元回归形式表现为

$$Y=A_0 I^{\alpha 1} K^{\alpha 2} L^{\alpha 3} H^{\alpha 4} S^{\alpha 5} \tag{4-2}$$

式中，A_0 表示除互联网因素以外的技术水平；I 表示互联网发展水平；H 表示人力资本存量；S 表示科学技术环境。

式（4-2）可以改写成：

$$\begin{aligned}\text{Ln}\ (Y_{it}) =& \alpha_0+\alpha_1 \ln\ (K_{it}) + \alpha_2 \ln\ (L_{it}) + \alpha_3 \ln\ (I_{it}) +\alpha_4 \ln\ (H_{it}) \\ &+\alpha_5 \ln\ (S_{it}) +u_{it}+y_t+f\end{aligned} \tag{4-3}$$

式中，u 为残差，y 为时间虚拟变量，f 为截面虚拟变量，i 表示区域，t 表示时间，α_1、α_2、α_3、α_4、α_5 表示各种要素的产出弹性。

二、变量选取及数据处理

由于中国1994年才接入国际互联网，发展相对较晚，也考虑到数据的可获得性，本节采用2000～2011年中国31省（自治区、直辖市）的面板数据进行实证分析。

（1）经济总量（Y）。以2000年为基年，计算2001～2011年各地区的居民消费指数，各年GDP值除以当年居民消费指数后，获得真实GDP。

（2）资本存量（K）。通常采用永续盘存法测试资本存量，计算方法如式（4-4）。各个省（自治区、直辖市）在第 t 年的资本存量如下：

$$K_{it}=K_{it-1}\ (1-\delta_{it}) +I_{it},\ t=2,\ \cdots,\ 59 \tag{4-4}$$

其中，δ表示折旧率，当年投资指标使用的是全社会固定资产投资。初始基本存量的计算参照张军等（2004）的计算方法，将各省（自治区、直辖市）1952年全社会固定资本除以10%，作为该省的初始资本存量。另外，以2000年为基期，获取固定资产投资价格指数，将数据统一调整为真实全社会固定资本。固定资本形成总额的折旧率δ均定为9.6%。

（3）劳动力变量（L）：选择各省从业人员数作为劳动力的指标。

（4）人力资本变量（H）：人力资源是新经济增长因素，一般采用平均受教育年数来衡量区域的人力资本存量。计算6岁及以上人口中，中小学（S_1）、初中（S_2）、高中（S_3）、大专及以上（S_4）文化程度人口所占的比重，分别按6年、9年、12年、16年为各受教育程度的年限，加权之和为平均受教育年数（H）。即：$H=6S_1+9S_2+12S_3+16S_4$。

（5）互联网发展水平（I）：采用互联网用户数作用衡量区域互联网发展水平的指标。

（6）科学技术环境（S）：用专利受理数来衡量各地区的科学技术环境。

以上数据均来源于2001～2012年的《中国统计年鉴》。

三、包含空间权重矩阵模型的构建

在式（4-3）中增加其他相关区域的互联网发展水平（OI）这个变量，以测量互联网的空间溢出效应。模型公式如式（4-5）：

$$\begin{aligned}\text{Ln}(Y_{it}) &= \alpha_0+\alpha_1\ln(K_{it})+\alpha_2\ln(L_{it})+\alpha_3\ln(I_{it})+\alpha_4\ln(H_{it})\\ &\quad+\alpha_5\ln(S_{it})+\alpha_6\ln(OI_{it})+u_{it}+y_t+f\end{aligned} \tag{4-5}$$

其中，OI的计算公式为

$$Oi_{it}=\sum_{j=i}^{n}W_jOI_j \tag{4-6}$$

α_6表示溢出效应的效果，若α_6为正数则存在正的空间溢出效应，表明一个地区互联网发展会通过扩散作用促进其他地区的经济增长；反之亦然，表现为负的空间溢出效应。空间权重矩阵$W_{n\times n}$表示各省的空间邻近关系。

在实际应用中，不同的学者根据研究目的和研究问题构建了多种空间权重矩阵，用来表示特定空间联系形式。考虑到互联网的扩散因素，我们设计了三种空间权重矩阵。

1. 空间距离

网络空间本身也具有内在差异性，它们的形状和结构往往成形于地理空间过程。因此，虚拟空间是由地理空间塑造的。互联网的扩散依赖于通信设施，比如连接两地之间的光缆、信号塔等设施是实实在在建设在土地上的。可以说距离相近省份间通信设施建设比较容易实现对接。因此我们也将空间距离作为权重来衡量各省之间的“相邻”程度。通过 Google Earth 软件测量各省会城市（市中心）间的距离，并认为市中心范围内的误差可以忽略，以两地间距离的倒数作为空间距离权重。

2. 经济水平

互联网的扩散的方式不同于其他生产要素，并不是基于交通设施从源点向周边地区扩散，而是基于通信设施。也就是说，接受扩散的地区必须有完善的通信设施，这也就要求接受地区有相当的经济基础。另外，互联网扩散过程要求有计算机等终端作为载体，这也要求接受扩散的对象必须有一定的经济基础。本研究以区域经济差距的倒数为权重来衡量各省之间的“相邻”程度，计算公式为

$$W_{ij}\begin{cases}0, i=j\\ 1/\mid Y_i - Y_j \mid, i\neq j\end{cases} \tag{4-7}$$

式中，Y 为各省的人均 GDP，两省之间人均 GDP 差距越小，则经济水平越接近，因而赋予较大权重，反之则赋予较小权重。

3. 城镇化水平

以往研究认为知识缺口对知识溢出有重要的影响，此外，自然地理因素和经济地理因素创造的“需求因素”是影响知识溢出过程的重要因素（王铮等，2003）。互联网溢出很重要一个点是接受溢出区域的吸收消化能力。互联网扩散的主要载体是人，在扩散初期受到许多条件限制，如经济、教育水平等，到一定程度以后则进行传染式扩散。在过去十多年中，中国互联网扩散的城乡差异已经被证实。城镇化率高的区域接受互联网溢出的吸收消化能力强，因此，在城镇人口比重高的地区就有了互联网扩散的优势。相反，城镇化率低的地区，对于互联网传播的速度与范围要求就高。以城镇化水平差距的倒数为权重来衡量各省之间的“相邻”程度，计算公式同式（4-7），其中 Y 为各省的城镇人口比重。

第三节 互联网对区域经济增长的作用

地理空间或者区域本质上是异质的，而这点却常常被传统的差异指数以及整体回归所忽略（Yu，Wei，2003）。本章在重构了内生经济增长模型的基础上，根据面板数据的可分割性，将中国 2000～2011 年 31 个省（自治区、直辖市）的数据分为东、中、西三个小面板数据，希望在了解中国互联网对经济增

长作用的同时，也对东、中、西部的互联网贡献率进行比较研究。由于研究已经得出互联网发展存在强烈的空间自相关，如果用普通最小二乘法进行估计会产生偏差，因此，本章采用极大似然法进行模型估计，得到结果如表 4-1 所示。

表 4-1　四种模型估计结果

指标	全国（模型 1）	东部（模型 2）	中部（模型 3）	西部（模型 4）
K	0.54**	0.41**	0.43**	0.70**
	(24.36)	(11.38)	(10.88)	(23.56)
L	0.35**	0.40**	0.29**	0.26**
	(11.49)	(12.41)	(4.87)	(5.26)
H	0.31**	0.75**	0.68*	−0.08
	(2.84)	(4.29)	(2.38)	(−0.61)
I	0.06**	0.07**	0.11**	0.04*
	(5.29)	(4.88)	(4.99)	(2.35)
S	0.07**	0.14**	0.03	0.01
	(5.70)	(7.25)	(1.21)	(0.44)
C	−0.67*	−1.32**	0.06	−0.18
	(−2.41)	(−3.02)	(0.08)	(−0.42)
Log likelihood	412.40	175.99	123.32	182.98

*表示在 5%的置信水平下显著，**表示在 1%的置信水平下显著

注：括号里为 *z* 统计值

一、互联网的总体贡献率不高

就互联网与经济增长的关系而言，运用中国 31 个省（自治区、直辖市）的面板数据，所估计的互联网扩散弹性为 0.06，科学技术环境的弹性为 0.07，二者弹性值十分接近。这表明互联网和科学技术环境对中国区域经济增长具有正面的推动作用，但是二者均低于固定资产投入、劳动力、人力资本对经济增长的贡献。

从模型（1）结果来看，中国互联网对区域经济增长的总体贡献率并不高，可能是由以下几个方面造成的：第一，中国目前是资本驱动性经济增长，固定资产的投入是促进经济增长的最主要因素。中国是人口大国，劳动力资源相对丰富，在过去的发展过程中劳动力资源作出突出的贡献，时至今日劳动力投入仍然是区域经济增长的重要动力。第二，中国互联网发展还比较落后。Lee 等（2005）也曾指出，信息和通信技术的投资对于发达国家来说卓有成效；但对于发展中国家经济效益并不明显。本章的样本数据是 2000～2011 年，包含中国互联网初步发展到迅速上升的阶段。从世界范围来看，中国互联网发展水平离高收入国家还有较大的差距。从国内来看，虽然互联网在短期内得到普及，但是很大部分互联网用户集中于中国东部发达地区，中西部相对落后地区互联网发展仍十分落后。无论是国际环境还是国内形势，都表明中国互联网发展还存在

相当大的进步空间，这些都制约了互联网对经济增长发挥更大的作用。第三，互联网对经济推动的过程不是一步到位的，而是存在一定的滞后期。正如 Brynojolfsson（1993）指出的，现代信息和通信技术投资的经济效益具有时间滞后性，这种促进作用不能在短期内表现出来。同样，互联网对中国各省（自治区、直辖市）的推动效果不同。尤其是中国互联网发展存在巨大的区域差异，部分地区能够较好地吸收互联网技术，经济随着互联网技术进步而不断增长；而有些地区经济发展结构正在不断地调整，互联网的作用还不稳定。综合各种情况，互联网对中国经济增长有显著的促进作用，但贡献度也明显小于资本存量、劳动力和人力资本等因素。

二、互联网贡献率的异质性

由于中国互联网发展和科学技术环境都存在显著的梯度差异，二者对 GDP 的弹性也有很大不同，东、中、西部地区互联网对 GDP 的弹性值分别为 0.07、0.11 和 0.04。这说明互联网对中部经济发展有最强的促进作用；虽然东部地区互联网发展水平良好，但其对经济贡献程度仅略高于全国平均水平；西部地区互联网对当地经济的促进作用更不显著。这个结果反映出互联网对区域经济发展的促进作用在地区间具有较强的异质性。

东部地区虽然互联网发展水平较高，经济发达，但是经济增长更加依赖于资本存量、劳动力和人力资本的增加。由表 4-1 可以看出东部地区资本存量、劳动力和人力资本的弹性值分别为 0.41、0.40、0.75，特别是人力资本存量的弹性值远大于西部地区。2000～2013 年，北京、上海两市和广东省是中国互联网高度发展的中心，与东部其他省份乃至全国其他地区都拉开相当大的差距。近几年，东部其他省份互联网迅速发展，缩小了与三大中心的差距，但东部地区的内部差异仍然大于中部与西部地区。由于东部地区内部差异比较显著，较低的贡献率代表的是区域内部的平均水平，不能表示北京、上海等地区互联网对本地经济促进作用不强。

中部地区虽然在经济水平和互联网发展水平上不如东部地区，但是其互联网对经济发展的影响程度却是最高的。2000～2011 年，中部地区互联网普及增长率达到 34.34%，互联网成为中国中部地区经济增长的重要引擎。一方面，中部地区互联网扩散有利于发挥中部地区连接东西部地区的桥梁作用。中部地区具有承东启西的区位条件，在互联网扩散加快的作用下，中部地区与沿海发达地区之间信息要素流动的速度加快，提高了中部地区的市场临近性和可接入性，从而扩大了市场范围。另一方面，中部地区互联网水平的提高有助于实现“以信息化带动工业化”，推进产业结构升级。众所周知，中部地区农业和重工业占很大比重，尤其是山西省重工业占主导地位，其中，采矿业的工业增加值占重工业增加值的半壁江山。近几年山西省互联网普及率大幅度上升，成果备受瞩目。根据《山西统计年鉴 2011》计算了近 10 山西省各行业的工业增加值，其中，重工业的年增长率达到 28.93%，采矿业年增长率为 38.69%，而通信设备、计算机及其他电子设备制造业的年增长率已经达到 43.34%。可见，中部地区互联网的快速发展为区域经济发展注入新的力量。

西部地区的互联网产出弹性最低，说明西部地区互联网对经济的推动作用最不显著。西部地区经济相对落后，地区财政收入很大一部分来源于中央财政的转移支付，因此经济增长对政府的固定资产投入的依赖性更高，这一点可以从表 4-1 模型（4）中得到验证。一方面，西部地区基础设施建设很大程度上阻碍了互联网对经济的促进作用。Dewan 与 Min（1997）的研究也指出：欠发达国家或地区的通信基础设施投资不能够长期促进经济发展，主要是因为基础设施建设不健全所导致的。2011 年，西部地区固定长途电话交换机容量仅占全国的 20.51%，光缆线路长度也只占 27.96%（国家统计局，2012）。另一方面，对于西部地区而言，互联网发展的机会成本很大。中国西部地区面积广阔，但自然环境恶劣，通信基础设施建设有相当困难。加上西部地区人口总数少，密度小，通信基础设施建设的边际效益不高，一定程度上阻碍了互联网的扩散。由于基础设施的限制，西部地区无从发挥互联网的优势，只有在累积了一定资本量，基础设施逐渐完善之后，互联网对经济的推动作用才能显现出来。

三、科学技术环境扩大地带差距

在良好的科学技术环境下，互联网能够通过科学技术的创造和应用，产生乘数效应，发挥巨大的生产力。模型（2）中，东部地区科学技术环境的弹性值达到 0.14，大致为互联网的两倍，可见东部地区科学技术环境氛围浓厚，对经济的促进作用十分显著。中、西部地区科学技术环境对经济的促进作用并不明显。这主要是因为科技人才在东部集聚，导致中西部地区科学技术竞争力较弱。2011 年，东部地区研究人员占全国总数的 61.93%，全时当量占全国 67.02%，其中 84.17%用于研究与开发工作。东部地区研究与开发经费支出超过 6182 亿，占全国 71.17%，而中西部地区分别仅占 16.85%和 11.98%。东部地区研究与开发经费投入强度平均值为 2.00%，北京市甚至达到 5.76%；而中部地区投入强度仅有 1.30%；西部地区仅有 1.04%。正是由于东部科技人才和研究经费的绝对优势，区域的科学技术环境十分优越。东部地区互联网对经济的弹性值虽然次于中部地区，但随着智力因素及高科技成果在经济增长过程中决定性作用的不断扩大，互联网研究成果能尽快转化为产业优势，其发展潜力不可估量。

正如 Wei 等（2011）研究所得出的结论，技术、结构、空间和体制的不匹配都会限制知识的交换。中部地区互联网对经济的直接推动作用大，但没有良好科学技术环境的支持，后续的发展可能遇到瓶颈。西部地区形势更为严峻，互联网发展水平有限，且囿于通信基础设施不能得到完全发挥，科学技术力量十分薄弱，经济增长模式十分单一。

在知识经济时代，传统要素对经济活动的制约越来越小，知识与技术成为提高劳动生产率的重要因素，此外，科技的吸收与转换也扮演了重要的角色。互联网已经成为全球资本、技术等经济要素流动的重要渠道，对经济、社会、文化等方面都产生巨大影响。东、中、西部地区在信息资源获取、掌握及运用信息技术水平方面的差距已经拉开。而从三大地带间科学技术环境的差距可以发现，各地区将互联网转化为新生产力的能力差距十分显著，更大的鸿沟已经出现。这不仅直接影响了各地区经济发展，更阻碍了中国经济全面协调可持续发展的进程。

第四节　互联网溢出效应的验证

进一步，综合考虑空间距离、经济发展水平和城镇化水平三种空间溢出方式，分别构建空间权重矩阵，将相邻地区的互联网发展水平引入内生经济增长模型，重新估计得出结果如表 4-2 所示。

表 4-2　空间权重阵模型估计结果

指标	无权重（模型 1）	空间距离（模型 5）	经济水平（模型 6）	城镇化率（模型 7）
K	0.54**	0.52**	0.51**	0.53**
	(24.36)	(23.47)	(21.28)	(23.56)
L	0.35**	0.37**	0.37**	0.37**
	(11.49)	(23.47)	(11.48)	(11.29)
H	0.31**	0.25*	0.30**	0.27*
	(2.84)	(2.25)	(2.76)	(2.44)
I	0.06**	0.03*	0.04**	0.04**
	(5.29)	(1.66)	(3.15)	(2.91)
S	0.07**	0.06**	0.68**	0.07**
	(5.70)	(5.21)	(5.60)	(5.44)
OI	—	0.05**	0.03**	0.03*
		(3.32)	(2.65)	(2.04)
C	−0.67*	−0.61*	−0.67*	−0.66*
	(−2.41)	(−2.05)	(−2.34)	(−2.30)
Log likelihood	412.40	417.86	415.85	414.45

* 表示在 5%的置信水平下显著，**表示在 1%的置信水平下显著；

注：括号里为 z 统计值；—表示无观测值

分析互联网对区域经济增长影响及其溢出效应是本章的重要内容。从结果来看，四个模型中互联网这一指标的系数均为正数，产出弹性值分别为 0.06、0.03、0.04 和 0.04，说明互联网的发展会对本地经济产生促进作用，互联网普及率每增长 1%，就能使该区域经济增长 0.03%～0.06%。不考虑互联网空间溢出效应的模型（1）中，互联网产出弹性比考虑空间溢出效应的模型（5）、（6）和（7）的弹性值高 0.02 以上，这表明如果不考虑互联网溢出效应，互联网对区域经济的增长作用将被高估。这就意味着互联网的经济推动作用并不是封锁在本地区内的，它将多个地区连成一个网络，也为网络中的其他单元提供了服务。

表 4-2 三种空间溢出模型中，相邻地区互联网对本地经济的产出系数均为正数，说明中国 31 省（自治区、直辖市）之间互联网溢出中正溢出作用占主导地位。在考虑空间溢出效应之后，互联网与溢出效应的弹性值之和大于不考虑溢出效应的互联网弹性值，说明中国互联网对区域经济增长有着显著的促进作用，同时使相邻区域间的相互作用日趋紧密，总体上表现为正的空间溢出效应，本地与相邻地区互联网联动作用，使之对经济的促进作用进一步加强。模型（5）、（6）和（7）中，互联网的空间溢出效应弹性值分别为 0.05、0.03 和 0.03，说明在 2000～2011 年，中国互联网的空间溢出方式仍然是以空间距离为主，且在经济水平较高和城市化率较高的地区间也存在空间溢出。

一、基于空间距离的溢出效应

互联网能够即时完成信息和知识传递和处理，在某种程度上减少了空间距离的阻碍。但模型（5）证实了通过空间距离的互联网溢出效应的存在，即互联网并不能完全克服空间的障碍，其溢出方式也符合地理摩擦定律。

首先，中国互联网发展存在很强的空间自相关性。北京、上海、广州和深圳作为中国互联网发展的增长极，带动了东部地区的互联网快速普及。互联网发达的地区同周边地区开展多方面的区域合作，由于地理空间的邻近性，人才、知识和技术的流动便利，对周边地区产生较强的辐射和带动作用，驱动区域一体化发展格局的形成。

其次，互联网从中心区传入邻近区时，距离较近则受到的中间阻力小，速度也比远距离的地区快一些。地理上的近邻关系在一定程度上决定了知识溢出的程度。这是因为信息传递的效率与空间距离相关，传播路径越短所用的时间越少，速度越快；另外，信息在传递过程中会有扭曲和片断丢失现象，传送路径越长，扭曲越多，片断丢失的可能性越大。在地理接近的区域内，互联网信息的生产、获取和利用的效率最高。Wei 等（2012）研究了国外投资和研发活动的区位与集聚，发现技术和创新能力强的地区比较容易形成全球区域一体化网络。

最后，中国互联网发展存在路径依赖。新技术的采用往往具有报酬递增的性质。北京、上海、广州这些互联网最先发展起来的地区可以凭借突出的技术优势，通过扩大规模降低单位成本，创造更好的经济效益。而空间相邻地区能在第一时间发挥互联网创造的良好效应，通过模仿和学习技术，以期产生相同的经济效益，导致互联网被广泛认可和传播，从而实现互联网促进经济发展并产生空间溢出的效果。

二、基于经济发展水平的溢出效应

模型（6）中，互联网溢出的系数达为0.03，仅次于空间距离权重模型，说明互联网在经济水平相似，特别是接近发达地区与较发达地区之间，也存在显著的空间溢出。这主要是因为经济水平接近互联网发展中心时，互联网扩散的需求及对互联网的应用能力也比较相近。

互联网是经济发展到一定程度的产物，它的扩散以经济实力为基础，互联网的发展存在一定的经济门槛，也就是说，经济落后的地区存在互联网扩散障碍。一方面，经济较发达的地区互联网扩散的需求更大，引入互联网可以提高生产效率和流通效率，进而扩大市场利润空间，增加经济价值。与此同时，较发达地区生产要素的投入比重发生重大变化，知识、技术、信息成为重要的生产要素。互联网有利于实现经济增长方式从劳动密集型、资本密集型向技术密集型的转变。因此，经济水平接近北京、上海、广州和深圳等发达地区时，对互联网有较高的需求，也乐于接受互联网发达地区的知识溢出。

另外，较发达地区应用互联网的能力也比较高。随着全球网络化步伐的加速，必须投入更多的资本到通信基础设施的建设中去，包括光缆线路的铺设、设备的调试以及维护有线、无线通信设施的畅通等。经济较发达的地区能够完善通信基础设施，使地方能够通过互联网与其他经济发达的地区实现对接。经济发展水平较高的地区在认识、吸收和应用互联网的能力等方面也比较高。在具备一定经济基础的情况下，地方有能力进行大规模的研发活动，吸收和消化并应用互联网的能力较强，因此经济水平较高的地区容易产生互联网溢出效应。

三、基于城镇化率的溢出效应

模型（7）中，互联网溢出的系数达0.03，说明互联网在城镇化水平较高的地区也存在显著的空间溢出。这主要是因为城镇化水平高的地区在人力资本存量、社会文化环境等方面有优势，有利于互联网的空间溢出。Audretsch 与 Feldman（2004）强调了人力资本在知识溢出中的重要性。互联网溢出的前提是拥有较高的知识吸收能力，其中知识吸收能力依赖于主体的知识存量和人力资本存量。Henderson 与 Wang（2007）将都市区增长与一国范围内教育程度结合起来研究城市增长问题，发现了明显的知识溢出效应，该效应随着城市规模的提高而提高。城镇化水平较高的地方，人力资本存量高，具备了学习和模仿能力，可以进行互联网的吸收和转化，形成有效的创新和经济的增长。基于区域内知识存量和知识吸收能力以及人力资本存量的空间知识溢出成为经济增长的主要动力之一。

社会网络与社会资本也影响着知识溢出效率。据《中国互联网发展报告》（中国互联网网络中心，2012）统计，2011 年中国农村网民人数达到 1.36 亿，城镇网民是农村网民的三倍左右，城乡差距还在拉大。经济能力和知识能力严重阻碍了中国农村地区互联网的发展。相反，城市化水平高的地区城镇人口较多，社会文化约束低，容易接受互联网并传播。因此，城镇人口有利于互联网的溢出。

第五节 小 结

通过采用 2000～2011 年中国 31 省（自治区、直辖市）的面板数据进行分析，本章证明了本地互联网发展可以促进本地区的经济增长，但对中国三大地区的促进力度存在差异，由高到低依次是中部、东部和西部。相邻地区互联网发展也会促进本地区经济增长，即互联网表现出正的溢出效应。互联网的溢出效应主要发生在空间距离较近的地区间，同时在和经济水平较高和城镇化水平较高的地区之间也存在互联网的空间溢出效应。

基于空间距离的溢出效应大于基于经济水平和城镇化水平的溢出效应，这反映了互联网和相关产业的集聚能够产生更大的经济效益。北京、上海、广州和深圳是产生互联网空间溢出效应最强烈的地区，它们分别是京津冀、长三角、珠三角城市群的中心城市，已经有经济发育程度较好、一体化程度较强的腹地，为互联网溢出创造了良好的条件。基于经济发展水平的溢出效应也比较显著，特别是中西部城市凭借互联网发展减小区位劣势，积极加入全球生产网络，主要表现为近年来东部沿海地区部分产业转移到重庆、成都等地区。基于城镇化水平的互联网溢出效应最弱，并有可能进一步弱化。因为目前中国城镇化水平已经超过 50%，城镇化水平将会进一步提高，而互联网的接入门槛越来越低，城乡数字鸿沟可能会逐渐消除。

互联网的正溢出效应大于负溢出效应，说明互联网通过其网络属性，将距离相近、经济水平较高、城镇化水平较高的地区连成一个整体，通过扩散效应，带动这些区域的发展。这一发现要求在研究省际区域经济增长问题时必须考虑空间因素。另外，互联网的空间溢出效应对中国中西部广大地区来说是一个很大的挑战。2011 年，中国东部沿海省份集聚了中国的 41.36％人口和 53.42％的互联网用户，GDP 总量占全国 53.76％。而中西部地区，尤其是西部地区，面临如下挑战：一是互联网发展水平低，科技竞争力弱，互联网对区域经济持续增长作用力不足；二是地理区位条件差，经济水平低，城镇化水平不高，承接发达地区的互联网溢出也比较困难；三是如果落后地区不能提高技术生产率，将会扩大目前的数字和经济鸿沟，被锁定在信息与经济的贫困之中。因此，为了实现区域经济协调发展，消除数字鸿沟至关重要。

一些国家政策已经致力于缩小地区间的数字鸿沟。2013 年 10 月，国家工业和信息化部决定在北京、上海和广州外再增加七个骨干网的直联点，分别是成都、武汉、西安、沈阳、南京、重庆和郑州。这有利于推动互联网资源向广大中西部地区集聚，优化互联网产业布局，实现区域协调发展。此外，西部地区个别地方政府也显示出发展互联网产业的决心。最近几年，成都、西安、重庆在移动互联网领域发展势头迅猛，分别以各自的高新技术产业开发区为载体，发布若干优惠政策，着力打造移动互联网全产业链，形成中国西部经济崛起的“桥头堡”。

针对城乡和区域互联网发展不平衡，国家和地区也提供了相应的政策扶持和政策倾斜。由于中西部农村地区发展困难，西部农村“宽带网络提升”工程被纳入重点实施工程。国家通过一系列财税、金融政策、宽带普遍服务补偿机制等方案，促进互联网络基础设施全面完善，推动西部、农村等欠发达地区互联网发展，扩大互联网普及范围和服务内容。当然，拥有基础设施还远远不够，如何借助互联网技术发挥后发优势，实现区域的健康发展，仍然面临巨大的挑战。

第二篇

互联网城市的兴起及其空间格局

第五章
城市新经济：互联网产业的集群化发展

以知识为基础、以信息和通信技术的创新为动力的“新经济”，是经济发展中的一种“新形态”（樊纲，张晓晶，2003）。尽管把“新经济”作为一种新的技术—经济范式的论点还存在争议，但是由信息技术革命所带来的对全球范围的巨大影响都是有目共睹的。事实上，全球许多国家政府、区域经济开发机构和地方政府都将“新经济”的领头羊——互联网技术和产业看作是一个新的发展机遇。对城市来说，除了直接受益于就业和税收之外，互联网产业还为地方发展带来了其他许多间接收益，如塑造和改善地方形象、促进当地服务业升级等（Naylor，1999）。

过去十余年，互联网产业正在成为一个独特的企业群体，这些企业的共同特征是在其生产、营销或销售等环节中，把互联网作为首要的经营要素（Zook，2005）。作为一种新兴产业，互联网产业的发展备受学者、媒体和政府部门的关注。从地方发展的角度来看，有许多问题值得我们深入探讨。例如，以先进信息和通信技术为代表的新兴产业，是否具有新的空间格局特征？互联网产业发展与所在城市和区域的地方特征有何关系？互联网产业集群发展的动力机制是什么？本章试图初步探讨这些问题。首先，本章从演化经济地理学的视角，提供了一个产业空间演化的理论分析框架；其次，对当前中国互联网产业的发展状况和空间格局进行了概述；最后，进一步重点分析了北京、上海和杭州三个案例城市的互联网产业发展特点，并比较了互联网企业在上述三个城市集聚的条件和过程，以期揭示中国大城市中互联网产业集群形成的动力机制。

第一节　互联网产业的集群化发展

一、互联网产业的“大城市偏好”

越来越多的研究表明：互联网技术并没有像最初许多专家所预测的那样促进地理均衡，反而加剧了区域之间、城市之间的差异（Zook，2001；Gorman，

2002；汪明峰等，2007）。互联网活动具有明显的空间集聚性，这些活动在城市中的高度集中可以更好地与市场、与竞争性的产品和服务创新保持紧密联系。甚至有学者认为"城市偏好"尤其是对大都市区的"偏好"已成为互联网扩散和渗透的标签（Drennan，2002；Kolko，2000）。互联网内容生产集群化使一些城市和区域成为网络中的关键节点（Zook，2000）。在更小的空间尺度上，电子商务企业都偏好分布在最大的大都市区的市中心和CBD地区（Gorman，2002）。此外，从市场需求来看，一些国家的"数字鸿沟"问题的主要空间表现也是体现在互联网技术对大城市的"偏好"上（汪明峰，2004）。因为对各种先进通信技术的需求往往都是由城市市场的增长来推动的，特大城市在推动各方面的新技术投资和创新过程中起着关键作用。

二、互联网产业的集群化发展

全球层次的统计数据提供了各国在互联网内容生产上存在巨大差异的证据，而一些互联网产业集群正在浮现之中（Pratt，2000）。通过图示互联网域名在全球主要城市的分布格局，Zook（2001）分析了全球网络信息市场的生产和消费的动力机制，表明互联网内容的生产高度依赖于全球信息网络中的某些城市。Joint Venture：Silicon Valley Network发布的一系列报告描述了20世纪90年代末互联网经济繁荣时期，互联网集群在全球层面尤其是美国的发展状况。在美国，除了众所周知的硅谷之外，还有芝加哥的"硅城"、西雅图的"硅林"、圣·费朗西斯科的"多媒体谷"、洛杉矶的"数码海岸"、奥斯汀/达拉斯的"硅山"、迈阿密的"硅滩"、研究三角地区的"硅三角"、亚特兰大的"新南首府"、华盛顿特区的"硅域"、纽约的"硅街"，以及波士顿的"128公路"，都是互联网企业集中的产业集群区域。近几年，东亚地区的互联网产业蓬勃发展，日益受到学者关注。东亚国家，尤其是发展中国家内部的互联网内容生产的空间差异状况似乎更加明显。根据Arai等（2004）的调查，2001年在日本有近1/3的多媒体和互联网企业集中于东京地区，并在几个特定城区形成企业集群（Yukawa，2003）。同样在韩国，首都地区（包括汉城、仁川和京畿道）所拥有的域名数量更要超过全国的3/4以上（Huh，Kim，2003）。

三、互联网产业集群的特征

对硅谷的研究报告指出（Joint Venture：Silicon Valley Network，2000），互联网产业集群的特征包括：①一大批熟练的、富有经验的技术型人才；②"支柱"企业，锚定、支持和推进互联网扩散和企业家创业活动，主要是指一些领先的高技术、媒体和娱乐业公司，为互联网公司的创业提供人才、资金及其他资源；③大量可利用的风险基金或其他资金来源；④大学，以提供各种人才及可转化为商业用途的研究成果；⑤专门化的支持服务，如懂技术的律师、会计师和猎头等；⑥强有力的政府项目，以培育经济增长、开发当地劳动力，以及改善地方基本生活条件和经济状况。

第二节 产业演进的空间过程：演化理论的解释潜力

一、产业演进：路径依赖，抑或随机创新？

与其他产业一样，互联网产业的发展是一个持续演化的过程。但是长期以来，产业的空间组织研究较多集中于探求特定时间特定产业的空间格局，或者仅仅比较不同时期格局的变动情况。在这些研究中，产业变动的过程往往容易被忽视，因此，我们需要把研究的重点从状态分析转换到动态过程分析，需要有一种方法可以分析产业价值链在外来影响的压力下持续变动的动态过程。近几年在西方（尤其是欧洲）经济地理学界，演化理论的蓬勃发展为此提供了可能的解决之道（Martin，Sunley，2006）。Boschma 与 Frenken（2003）认为演化经济学可以提供一个新的动态视角用以理解产业的区位问题。其中一种方法是通过行业进入者的区位战略解释产业的空间演化（Arthur，1994），比较突出路径依赖的演化原则。一种状态一旦形成之后，无论是否有效都会在一定时期内持续存在并影响其后的选择。一般来讲，路径依赖又有两种类型（Boschma，Lambooy，1999）：一种是某种状态形成以后，具有收益递增的效果，并进入了良性循环的轨道，这是一种正面的路径依赖；另一种是某种状态形成以后，随着事物的发展，开始阻碍系统的发展，系统被“锁定”在低效状态，这是一种负面的路径依赖。此外，还有一种方法是 Boschma 与 van der Knaap（1997）提出的“区位机会窗口”（window of locational opportunity），这一概念可以用来描述新浮现的产业借助于不确定性、创造力和偶然性所形成的空间格局。

二、对新兴产业的空间演化进行解释：一个动力机制的分析框架

本章试图为理解诸如互联网产业等新兴产业的空间演化过程提供一个初步的概念性分析框架。在已有的经济地理学理论中，可以找到解释产业集聚的两种动力机制。一种是 Arthur（1994）提出的衍生机制，强调先驱企业与其衍生

企业之间的知识转移。衍生过程作为知识转移的地方化机制，可以解释产业的空间集中（Klepper，2002）。另一种是集聚经济（Hoover，1948），关注在特定空间领域内的企业间知识溢出。集聚经济体现在两个层面：一是城市化经济，是指地方企业不在其所属产业中获取的外部性；二是地方化经济，是源于相同或相关产业经济活动集聚产生的外部性。在解释新兴产业的空间演化问题时，上述两种机制起着重要的互补作用（Essletzbichler，Rigby，2007）。

从产业的生命周期来看，衍生机制和（不同类型的）集聚经济在新兴产业发展的不同阶段所起的作用各有侧重（图 5-1）。在新兴产业萌芽阶段，作为创新中心的大城市，相关的产业活动孕育创新，少数先驱企业逐渐涌现，而其中的企业家精神起到关键性的作用。在先驱企业基础上衍生出来的企业增多，促进行业组织、研究培训机构等相关产业活动者出现，从而改善了当地新兴产业的发展环境。更多的企业受益于地方化经济，推动相同或相关产业活动的空间集中，最终促成产业集群的浮现。进而，在锁定效应的作用下，新兴产业在大城市分布的格局被日益强化。

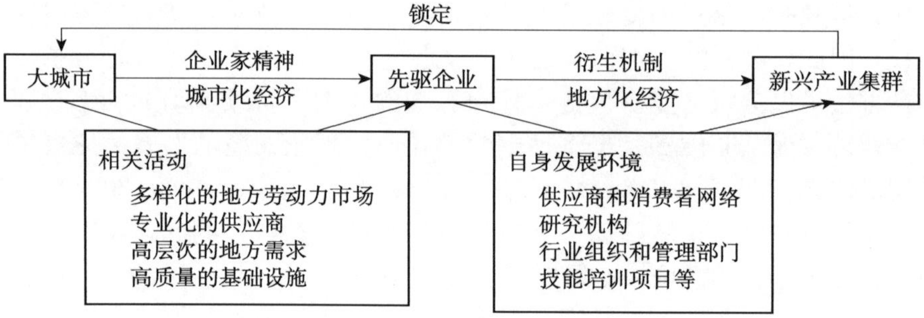

图 5-1　新兴产业空间的演化动力机制：一个分析框架

第三节　中国互联网产业的增长与地理格局

一、网站与网民的增长

自 1994 年中国正式接入国际互联网以来，这一先进的通信技术快速地在中国各地尤其是城市地区得到应用（汪明峰，宁越敏，2004；汪明峰，2007）。图 5-2 是 2002～2007 年的中国互联网网站数量增长曲线，基本反映了当时中国互联网发展的宏观趋势。在经历 2004～2005 年的缓慢增长后，中国互联网网站建设又进入了一个快速发展的阶段。截至 2007 年 6 月，中国网站数量已经达到 131 万个，比 2006 年同期增加了 52 万个，年增长率达到 66.4%。其中增长最快的是 CN 域名下的网站，2007 年 .CN 下网站数已达 81 万，年增长率达到 137.5%，这与中国 2007 年上半年 CN 域名的暴增有直接的关系①。2007 年中国每万人拥有 10 个网站，比 2006 年同期增加了 4 个，增长迅速。同时，中国的网民人数在近两年也加速增长，达到 1.62 亿，互联网渗透率为 12.3%（图 5-3）。

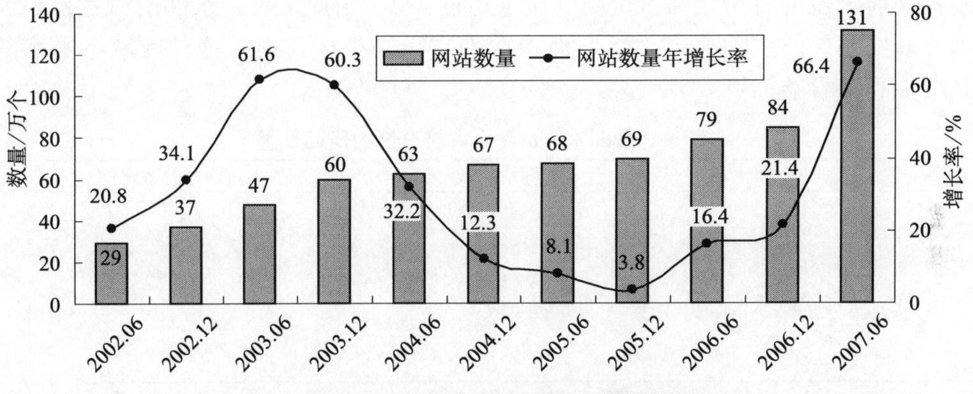

图 5-2　2002～2007 年中国网站数量增长情况

资料来源：中国互联网络信息中心，2007

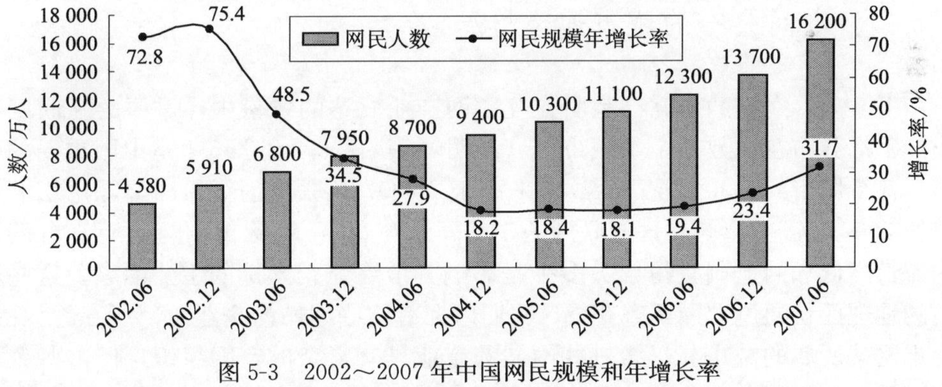

图 5-3　2002～2007 年中国网民规模和年增长率

资料来源：中国互联网络信息中心，2007

① 域名是与 IP 地址相对应的更方便记忆的互联网地址标识。分为两类：一类是通用顶级域名（gTLD），如以 .COM，.NET，.ORG 结尾的域名等。一类是国家和地区顶级域名，如中国是以 .CN 结尾的域名。

二、区域不均衡发展

中国互联网信息的生产存在着明显的区域性差异。根据CNNIC在2007年6月的统计，中国网站域名注册的首要集聚体是首都北京，达到305380个，占全国的比重将近1/4。上海市的网站总数紧随北京市之后，也近30万个，占全国的22.7%。比重超过5%的省份还有广东、江苏和浙江。如表5-1所示，网站规模排序前5位的省份之和占全国的比重超过2/3。由此可见，东部沿海省份是我国互联网网站的主要生产地区，而中西部省份则很少，而且这种区域不平衡的状况似乎在日益加剧。

表5-1 2007年6月分省前五位的网站数量

省份	网站数量/个	占网站总数比例/%
北京	305 380	23.3
上海	297 217	22.7
广东	157 407	12.0
江苏	68 160	5.2
浙江	66 971	5.1
合计	895 135	68.3

注：1. 此处数据不包含.EDU下网站数据；2. 分省依据是网站对应域名的注册单位所在地
资料来源：中国互联网络信息中心，2007

三、空间分布的城市地理格局

事实上，之前的研究已表明在互联网产业发达的省份中，重要的互联网企业几乎都分布在少数几个大城市中（汪明峰等，2007）。图5-4是中国重要的网站在各个城市的分布状况①。数据来源于“2007互联网创新领袖国际论坛”评选的2007年度“影响中国互联网的100网站”（以下简称100网站）②。各网站的流量高低和网上调查得票数多少是影响其最终能否入选的主要因素。这些网站的地理区位通过上网调查获得，我们以拥有这些网站的企业总部所在地为准，确定网站所属的城市。尽管一些网站和企业具有复杂的空间组织，但这些企业的网站运营和管理工作往往是在总部进行的，因此在本研究中，每个网站对应

① 尽管网站指标在计量互联网活动时非常有用，但必须承认的是，每个网站所对应的活动之间却存在天壤之别。例如，在互联网中，网站sohu.com.cn的内容肯定要比一个只注册而没有实际内容的网站来得重要得多。由于重要网站拥有较大的规模和较高的使用流量，所以，我们采用重要网站的统计数据来考察城市互联网产业活动的集中程度。

② “2007互联网创新领袖国际论坛”（2007.3.21～22）由中国互联网协会主办，互联网实验室和聚网承办，指导单位是工业和信息化部。

唯一的城市区位。北京的地位异乎寻常，拥有近 2/3 的“100 网站”。上海的数量有 14 个，位居第二。排在第三的是杭州，有 5 个“100 网站”。广州和深圳各具 4 个，紧随其后。然后是香港 2 个，南京、武汉、福州和海口各有 1 个。此外，还有 1 个网站的总部则在海外。

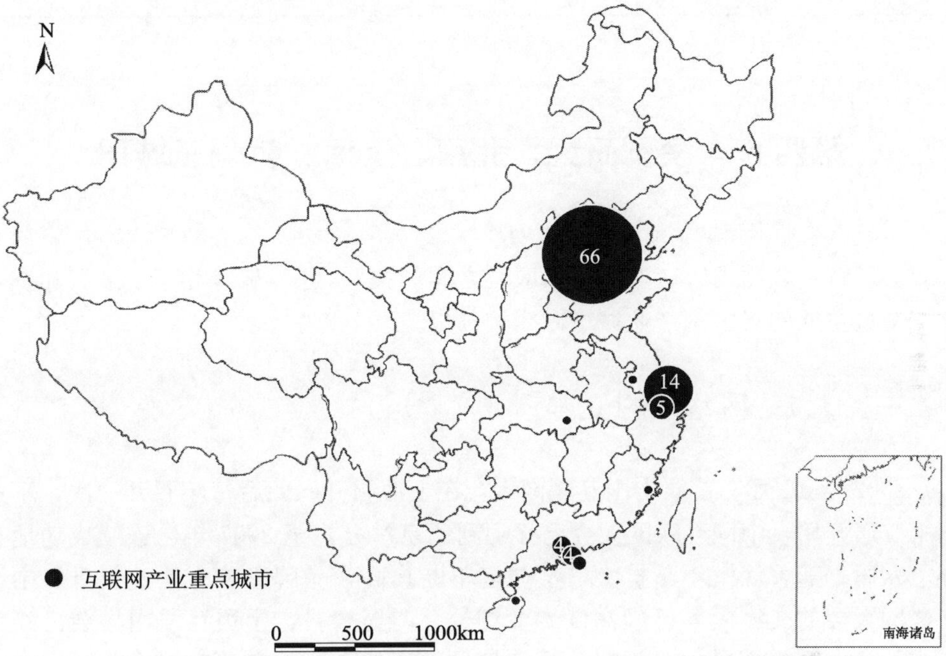

图 5-4　“影响中国互联网的 100 网站”公司或机构总部的城市区位

进一步对这一百个网站的类型及其区位进行区分（表 5-2）。不同城市不仅在网站数量规模上差异显著，而且在网站提供的服务内容上也各具特色。北京在每种类型的网站中都占据了主要的地位，尤其是拥有大部分的门户网站和提供资讯的网站。上海的网站类型也比较齐全，并且休闲娱乐网站数量最多。除了上述两个城市之外，其他城市的网站类型就显得比较单一了。杭州在服务领域的发展状况较好，特别是在电子商务领域，拥有 4 个影响力较大的网站，同时还有休闲娱乐型的网站。从网站类型来看，Web2. 0 网站和休闲娱乐网站的分布相对比较分散，特别是拥有 Web2. 0 网站的城市数量是最多的。这在一定程度上反映了不同类型网站的区位条件和特征。

表 5-2　“影响中国互联网的 100 网站”网站类型与城市区位

类型	北京	上海	杭州	广州	深圳	香港	南京	武汉	福州	海口	国外	合计
门户	4				1	2						7
资讯	12	2		3								17
服务	28	2	4	1	2							37

续表

类型	北京	上海	杭州	广州	深圳	香港	南京	武汉	福州	海口	国外	合计
机构	6	1			1							8
Web2.0网站	11	3					1	1		1	1	18
休闲娱乐	5	6	1						1			13
合计	66	14	5	4	4	2	1	1	1	1	1	100

第四节　案例研究：北京、上海、杭州三城记

为理解互联网内容产业与城市区位之间的关系，进一步对北京、上海和杭州这三个最主要的互联网产业城市做比较分析。

一、北京：网络中国之都

2002年11月，首届中国互联网大会在上海召开。此后每年召开一次，不过自第二届开始，中国互联网大会已移师到北京举办，至2007年已连续成功地举办了六届。随着规模不断扩大，参与度不断提高，品牌影响力快速提升，中国互联网大会的交流内容已经高度专业细分。时至今日，中国互联网大会已经发展成为亚太区规模最大、规格最高、最具价值的互联网专业交流合作平台，更是亚太区一年一度的标志性品牌盛会。很显然，这一盛会的举办与北京在中国互联网发展中的地位密不可分。

（一）北京作为首都的优势

作为中国的首都，北京不仅是国内最主要和最重要的信息源，也是国内最大的经济控制中心和行政指挥中心，这一点在互联网时代显得比以往更重要（赵晓斌等，2002）。以十二“金”为代表的国家信息化重大工程以首都为枢纽建成了一批信息化基础设施①，为北京发展互联网产业提供了物质基础。国家各大部委、中央大型企业、大专院校云集北京，也为互联网产业发展提供了巨大的市场空间。

① 2002年8月5日，中办发17号文件转发了《国家信息化领导小组关于我国电子政务建设的指导意见》，明确表示，要加快十二个重要业务系统建设：继续完善已取得初步成效的办公业务资源系统、金关、金税和金融监督（含金卡）四个工程，促进业务协同、资源整合；启动和加快建设宏观经济管理、金财、金盾、金审、社会保障、金农、金质和金水等八个业务系统工程建设。业界把这十二个重要业务系统建设统称为“十二金”工程，包括：金宏工程、金财工程、金农工程、金盾工程、金保工程、金税工程、金关工程、金水工程、金质工程、金审工程、金卡工程与金旅工程。

北京在互联网传输服务业、系统集成和软件业、互联网内容产业等细分领域，均在国内处于领先位置，市场参与者众多，其中不乏在各细分领域中的领导企业，如国内最大的互联网服务供应商之一263，三大门户网站中的搜狐、新浪，电子商务网站中的当当，网络教育中的新东方在线等（北京市信息化工作办公室，2007）。

（二）内容为王：北京市互联网出版业的繁荣

北京市互联网内容产业的地位特别体现在网络出版业的繁荣之上。北京市互联网出版市场产值在2005年已达到14.7亿元，2006年则快速增加到20.2亿元，占到全国的1/4强①。北京市涉足互联网出版的经营机构数量在4630家左右，占全国总数（22 270家）的21%左右；其中，具有较为完整互联网出版商业模式的机构大约365家，占全国（1225家）的30%。北京市在大部分的出版领域占据全国的主导地位，特别是在社会科学、科学技术、教育、文学出版领域（表5-3）。

表5-3　2006年北京市互联网出版业发展状况

网络出版内容	产值/亿元	占全国的市场份额	年增长速度/%	出版机构数量/家	占全国比重/%	比较知名的企业
社会科学	2.1	90%以上	40	约1800家	23.8	清华同方光盘、万方数据、超星数图、中国资讯行、书生等
科学技术	3.4	90%以上	30	—	—	—
教育	4.9	63%以上	20	890家	34.2	人民教育出版社、101网校等
文学	0.2	约50%	27	约190家	10.5	中文在线、北大方正、新浪读书频道、sohu读书频道等
动漫	0.7	相对较弱	—	400多家	10.5	—
游戏	5.3	相对较弱	—	—	—	金山游戏、完美时空、目标软件等
艺术	2.5	相对较弱	41	—	—	—

（三）北京发展互联网内容产业的优势

相较于国内其他城市，北京在发展互联网内容产业上具有明显的优势。第一，文化出版产业得到北京市政府的重点支持。在《北京市“十一五”时期文化创意产业发展规划》中，文化创意产业被确定为首都经济的重要支柱。在出版业的“十一五”发展规划中，互联网出版产业更被列为今后北京出版产业发展的重点和新的经济增长点（北京市信息化工作办公室，2007）。第二，北京市的信息化建设水平在国内处于绝对领先的地位。北京是全国最重要的通信中心节点（汪明峰，宁越敏，2004），互联网国际出口带宽达到10GPPS以上，拥有充足的通信资源和几乎覆盖全市的信息网络。第三，作为全国的政府文化中心，

---

① 引自原北京新闻出版局音像网络处副处长满向伟在第二届中国数字出版博览会上的讲话稿，http：//tech.sina.com.cn/it/2007-07-16/17471619127.shtml。

互联网的使用非常广泛，拥有全国最庞大且具有较高素质的用户群。第四，作为全国文化中心的北京，具有丰富的科教文化资源，为互联网产业发展和周边产业互动和结合提供了良好的条件。第五，不断强化的产业氛围成为许多互联网公司"去北京发展"的主要原因。比如，丁磊于1997年6月在广州创立了网易公司，但是不到两年，他便将网易总部迁至北京了。用丁磊自己的话说，是由于当时在南方的网络公司比较少。而在北京，他有一种找到家的感觉，有很多人可以在一起交流。同样，豆瓣网创始人杨勃也曾说过，"考虑到文化圈子、人才因素，豆瓣还是应该来北京发展"（王乐，2005）。

二、上海：网络游戏产业中心

目前，上海每年举办的与互联网产业相关的活动很多，ChinaJoy也就是一年一度的中国国际数码互动娱乐产品及技术应用展览会，是其中最受关注的，至2007年已举办六届。ChinaJoy为国内外专业厂商提供展示互动娱乐产品和技术的平台，也为国内游戏爱好者提供了解国内外互动娱乐最新动态、最新技术和最新产品的机会。事实上，第一届展会是2004年初在北京召开的，到了第二届才将举办地移师上海。由于国际上著名的类似展会，如美国的E3、日本的东京电玩展等都是在每年固定的时间和地点举行，所以ChinaJoy从第二届开始就一直在上海举办了。显然，展会承办单位主要考虑到了上海游戏产业的发展水平和城市面貌等因素。

（一）上海在中国网络游戏产业中的领导地位

根据艾瑞咨询（iResearch Inc.）的研究报告，2006年中国网络游戏市场规模为78亿元①。上海在目前中国网络游戏动漫市场占据领先地位（表5-4）。据不完全统计，2005年上海的网络游戏产业实现销售收入为24.5亿元，占全国的比重接近2/3，而到2006年则进一步占据70%以上的市场份额。游戏数量和游戏企业数量在全国也处于领先的地位。

表5-4　2005年上海市网络游戏产业状况

项目		上海	占全国比重/%
销售收入		24.5亿元	65
游戏数量	游戏总数	46个	25
	进口游戏	25个	—
	国产游戏	21个	—
游戏企业		57个	48

资料来源：艾瑞咨询（www.iresearch.com.cn）网站资料

① 艾瑞咨询.2006.2005年中国上海网络游戏产业情况.http://www.iresearch.com.cn [2006-08-15]。

（二）上海作为网络游戏开发和运营中心

网络游戏是体验式商品，网络游戏产业与传统制造业或服务业的运行模式存在本质的区别（费江舸，2004）。按照传统意义上的价值链分析，网络游戏从开发商到运营商，再到用户，形成了包括开发企业、运营企业和相关电信企业、零售企业在内的产业价值链（图 5-5）。其中，开发企业位居价值链的上游，是下游价值生成的起始点，具备较大的主动权和灵活性；运营企业则是创造网络游戏增值的主角，能获得增值中的大部分收入，但由于投入成本较大，且受制于上游开发商，因此属于高风险高回报的角色。

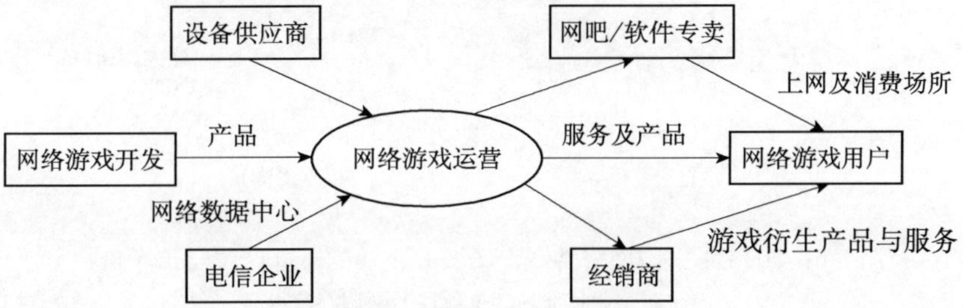

图 5-5　网络游戏产业的价值链

资料来源：费江舸，2004：187，图 6

上海是中国网络游戏产业的最主要的开发和运营中心。从中国网络游戏的原创力量的地理分布来看，华东地区明显占据主导地位，而上海是其中最主要的集聚地（中国出版工作者协会游戏工作委员会，www. 17173. Com，2005）。一些产业基地的设立进一步强化了上海网络游戏产业在全国的地位（李霞等，2008）。2004 年成立的上海“国家网络游戏动漫产业基地”（即张江文化科技创意产业基地），以游戏、动漫和影视后期制作为三大主导产业，吸引了美国艺电(EA)、盛大网络、第九城市、网星游戏、CORE 等游戏软件企业纷纷落户。另外，还有“上海国家动漫产业振兴基地”，由中国社会科学院文化研究中心、华东师范大学、上海宽视网络电视有限公司联手打造，下设教育培训中心、创意中心、国际合作交流中心、展示中心、研发中心和产业孵化中心，至 2007 年基地内的注册企业已有 870 家，软件从业人员达 9000 多人。除了游戏开发企业之外，全国主要的网络游戏运营企业也大部分集中在上海（图 5-6）。不少大型网络游戏企业以上海为平台，将基础设施网络和销售网络遍布全国。例如，盛大网络早在 2005 年，已在全国各省拥有 14 万个网上零售店和 17 万个线下零售点，而电话订购业务也覆盖了超过 80 个主要城市①。

---

① Li D. The Convergence of Video and PC Online Games. http：//www. digiworldsummit. com/UserFiles/File/yu _ li. pdf，2006。

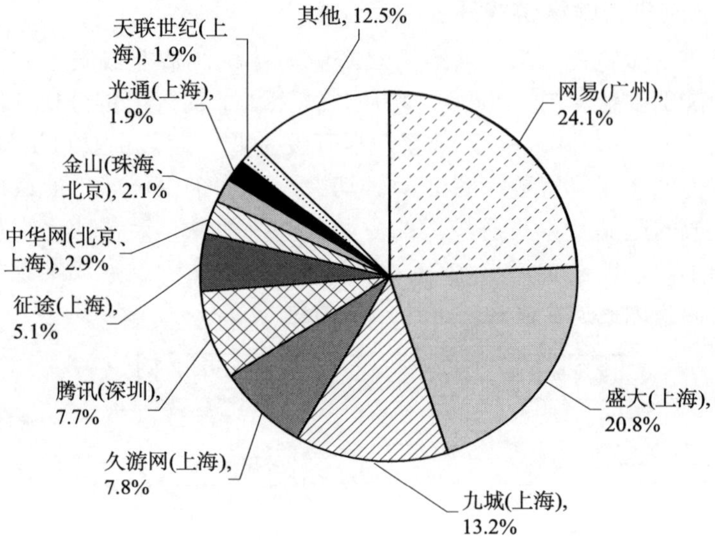

图 5-6　2006 年中国网络游戏市场核心企业的总部区位与市场份额

注：企业总部的区位通过上网调查获得

资料来源：艾瑞咨询（www. iresearch. com. cn）网站资料

（三）网络游戏：为什么是上海？

上海市新闻出版局方面认为，上海的网络游戏产业创造如此丰厚业绩主要是地域优势、政府重视及规模效应等三方面原因（王思睿，2005）。首先，更开放的引资环境和良好的高新技术、IT 服务基础等，是网游企业创建和迅速发展的良好土壤。其次，市政府在政策上对网络游戏出版企业在工商登记、招商引资、出入境管理等方面予以大力支持，并计划继续出资购买网络游戏开发工具，大力扶植网络游戏产业的发展。上海“十一五”规划提出要以网络动漫、影视传媒等为突破口，重点发展文化及相关产业。最后，上海已初步具备从上游的游戏产品研发，到中游的运营，再到下游的营销的完整产业链结构。除此之外，上海在动画创作和制作上的优良传统，以及媒体对游戏产业发展所持的“稳定略带正面”的态度①，也为网络游戏产业发展提供了很好的发展氛围。

三、杭州：中国电子商务之都

在杭州，一年一度的网商大会日益成为全球商界热切关注的电子商务顶级

① 缪其浩，等 . 2005. 网络游戏产业在上海成功因素的深度分析 . 上海情报服务平台，http：//www. istis. sh. cn/list/list. aspx? id=1940 [2005-07-22]。

盛事。网商大会在杭州的举办与阿里巴巴集团董事会主席兼CEO马云的作用密不可分。马云曾多次表示，阿里巴巴将以杭州为中心，运用长三角地区的独特优势，把杭州打造成世界电子商务之都，在杭州造就一个世界前三强的互联网公司。

（一）杭州的电子商务与网上市场的繁荣

目前，杭州已拥有一大批以提供电子商务信息服务为主的B2B电子商务网站和信息服务平台，特别是著名的阿里巴巴网、中国化工网、中国化纤信息网、全球纺织网等优秀网商。同时也培育出了国内领先的第三方服务型电子商务企业（如浙江盘石等）。据统计，2008年杭州市互联网注册用户数已经超过148万户，行业电子商务网站数量超过全国的1/6，位居全国第一。2007年，全市电子商务服务专业企业已经超过1000家，实现电子商务服务收入25.44亿元[①]。杭州已成为名副其实的中国行业网站集散地（顾卓，李欣，2007）。2008年5月，中国电子商务协会正式把“中国电子商务之都”这一荣誉称号授予杭州，并发文说，“杭州已经成为我国电子商务建设和发展的示范地区”。

（二）打造“电子商务之都”的优势

杭州发展电子商务具有较为明显的优势。首先，杭州是国家电子商务、电子政务和信息化试点城市，电子商务建设起步较早、基础较好。杭州市委、市政府已把打造“电子商务之都”纳入杭州“十一五”发展规划和信息化“十一五”专项规划。其次，杭州及周边地区的经济实力较强、企业活力充沛，特别是拥有大批民营企业，成长性很好，发展电子商务潜力无限、市场巨大。注册在浙江的不少大型产业网站（如中国化工网、中国纺织网等）均依托浙江已有的产业优势，背靠大型实物产品交易市场，以服务企业、方便商家作为生存发展的立足点。再次，杭州拥有良好的工作和生活环境。作为“天堂硅谷”，城市软、硬环境不断改善，时常被评选为中国商业投资环境最佳的城市。最后，杭州人杰地灵，文化积淀深厚，拥有浙江大学等一批高等院校、科研院所，是全国IT产业人才集聚程度较高的城市之一。马云在回答“为什么要将阿里巴巴的国内总部设在杭州”的问题时，是这样表述的，“杭州是一个充满灵气的城市，阿里巴巴在这里不仅能受到浙江人民的爱戴，还能得到浙江第一流高校人才支持——浙江的第一流人才，应该不会比北京上海的二流人才差吧”！此外，杭州高校的科研技术氛围也吸引了一些互联网公司研发部门的落户。例如，网易现在内容和游戏部分以广州为主，销售和市场总部放在北京，而杭州现在主要承

---

① 中国B2B研究中心 .2008. 杭州电子商务蓬勃发展将成互联网崛起的新中心 .http: //b2b.toocle.com/detail-3705922.html [2008-09-05]。

担的是博客项目，今后将是网易的研发中心。研发部门将是网易最核心最重要的部门，是网易今后的“大脑”。

第五节 小　结

伴随着先进信息和通信技术在中国的日益普及应用，互联网产业得以快速发展。目前，中国的互联网产业主要集中在北京、上海、杭州等少数几个大城市，并正在朝着各具特色的产业集群发展。北京凭借信息源优势和产业氛围，成就中国的互联网核心城市；而上海基于地域优势和历史积淀，成为网络娱乐产业中心；杭州则借助良好的商务和创业环境，打造电子商务之都。研究表明，互联网企业在城市集聚的过程是一个复杂动力机制作用的结果。经济环境、社会文化、支撑政策等众多因素影响了这一过程，而城市原有的产业基础和氛围在其中起着关键性的作用。本章所遵循的基于演化理论的分析思路为我们理解新兴产业的空间过程提供了新的切入点。当然，本章的分析还只是初步的尝试，要进一步探明互联网产业的区位机制及城市所起的作用，还有待于挖掘演化理论对产业空间演进的解释潜力。

第六章
城市体系与网上零售企业的空间组织

零售商业活动及其空间组织历来是城市和经济地理学研究的重要主题之一。从20世纪的80年代到90年代初是中国传统商业地理学研究较为活跃的时期，出现了不少以中心地理论为基础的城市商业网点规模等级结构的研究成果。进入21世纪后，有关城市商业地理学的研究更加活跃，研究内容和研究方向均出现了分化。除了继续对城市商业中心和网点布局展开研究之外（宁越敏，黄胜利，2005；薛领，杨开忠，2005），新的研究视角也被逐渐采用，特别是越来越多的研究者通过调查消费者的购物出行来研究城市商业空间结构（冯健等，2007；仵宗卿等，2001；周素红等，2008），还有的则开始关注新兴商业业态及其对商业空间的影响，如大型连锁超市（陶伟等，2006）和便利店（周千钧等，2007）等。

同期在西方地理学界，20世纪90年代后期的零售物流全球化和零售跨国公司的快速涌现，也使零售地理学重新成为当前经济地理学的研究主题（Wrigley，2000）。其中，一个新的研究领域备受关注，即日益繁荣的电子商业正在对消费地理格局产生不可忽视的影响（汪明峰，2005b）。早在20世纪末，根源于美国经济的信息技术爆发和电子商务繁荣，使美国人文地理学者很快捕捉到了新的研究前沿领域，即所谓的"电子商务的世界"（Leinbach，Brunn，2001）。随后，西方各国地理学者发表的研究成果越来越多。例如，从空间的视角分析零售商的互联网战略（Boschma，Weltevreden，2008；Weltevreden，et al.，2008；Weltevreden，Boschma，2008a）、调查电子商务对消费者购物出行行为的影响效应（Farag，et al.，2006；Sim，Koi，2002），以及探讨信息时代城市零售业空间结构的变动等（Aoyama，2001a，2001b；Weltevreden，Atzema，2006；Weltevreden，van Rietbergen，2007）。

近几年，具有强大生命力的先进电子交易手段也日益被中国的消费者所认识和接受。中国网络购物市场规模飞速增长，在2009年已达到2630亿元，同比增长105.2%①。然而，相比于网上零售业高速度的扩张，国内地理学界对于这

---

① 艾瑞咨询.2010.2009～2010年中国网络购物行业发展报告.http：//www.iresearch.com.cn[2010-12-30]。

一新兴商业业态的关注和研究则显得很欠缺。本章的研究目的就是试图进行探索性的尝试，通过对国内主要的电子商务企业之一“当当网”的研究，初步探讨网上零售企业的空间组织及其影响因素，并揭示地理因素在电子商务发展中的重要性。

第一节 互联网技术影响下的零售业组织变革

一、互联网对零售业价值链的重构

电子商务作为一种有效的“破坏性”（disruptive）技术，为创新型的企业提供了创造新的商业模式的机会，从而改变原有产业的运行格局（Christensen，Tedlow，2000）。许多文献都探讨了电子商务对原有产业的生产网络和价值链产生的“去中介”（disintermediation）和“再中介”（reintermediation）作用，即互联网缩短了生产网络和消费网络之间的连接（Currah，2002；French，et al.，2004；Wrigley，et al.，2002）。在价值链重构过程中，互联网有可能绕过甚至剔除原有价值链中的关键节点，而直接把消费者与生产者及设计者联系在一起。如此，互联网帮助企业降低市场进入壁垒，减少固定成本和沉淀成本，因此会对零售商产生“去中介”作用，同时也提供了进入更大的消费者市场的途径（Wrigley，2000）。互联网不仅有能力连接价值链中的每一个节点，而且它也可能作为全新的中介进入价值链，甚至在某些极端的案例中完全取代其中的节点，这就是所谓的“再中介”过程。在当前的商业实践中，还出现了一种新的基于网络的“信息中介”（infomediary）（Wrigley，et al.，2002）。它为消费者提供购物决策所需的信息（如商品种类、价格、可获得性，以及零售商的相关情况等）（Evans，Wurster，1997）。信息中介对于面临信息超载的消费者来说，作用日益显著（Kwan，2001）。同时，这种状况也成为电子商务网站得以发展的重要基础。

二、网上零售企业的商业模式

尽管20世纪90年代后涌现出大量基于互联网的零售商业形式，但我们仍然可以从众多的实践中总结出三种基本的电子零售模式（Murphy，2007）。其中建设速度最快、成本最低的是“砖头加鼠标”（bricks-and-clicks）模式，零售商需要利用原有的实体店铺网络（Currah，2002；Murphy，2002，2003）。另一种成本最高的模式则需要建立专用的电子商务配送中心，它们是没有实体店铺网络的“纯鼠标”（pure-play）电子商务营运商。第三种通常是一些小型的零售商把网上订货和顾客管理功能外包给一个前文所述的“信息中介”，这些中介的核心功能是在消费者和零售商之间传递库存、订单和发货等信息，而把商品分销外包给第三方物流（Wrigley，et al.，2002）。

相比较而言，“砖头加鼠标”的多渠道战略具有较多优势（Currah，2002）。首先，这类企业可以利用原有的品牌效应和顾客忠诚度，减少市场营销的成本。其次，把电子方式和实体店铺联合，可以为消费者提供更多的渠道，比如在线上搜寻后再到实体店购买，或者先到实体店“试用”再到网上订货。最后，传统零售店拥有仓储、供应链管理系统、售后服务中心和商品回收网络等，为解决电子购物的配送问题提供了基础（Wrigley，et al.，2002）。而“纯鼠标”零售商的发展则有诸多劣势，比如由于没有实体店或建立时间短而缺乏品牌的认同感、亲近感和信任度；商品回收的损耗问题；购买之前无法“试用”；缺少直接购买过程中的冲动和满足感，等等（Murphy，2003）。当然，不是所有的商品都有这些问题。越标准化的商品，购买过程越程序化，就越容易采用远程购物方式（Wrigley，et al.，2002）。因此，书籍、音像制品及一些电子产品就有办法在网上先“试用”，从而在一定程度上克服了消费者在购买之前的疑虑。相比较于“砖头加鼠标”的商家，“纯鼠标”零售商由于没有实体销售场所，其发展可能更少地受到地理因素的限制。然而，已有的文献对此类企业的关注还很少。特别是对于“纯鼠标”企业的案例调查，将有助于我们更清楚地认识网上零售业发展的地理过程及其背后的机制。

第二节 网上零售企业的空间组织

一、“纯鼠标”零售企业的空间特征

（一）业务所及的地域范围

从理论上而言，纯电子商务零售企业的目标市场是全国甚至全球性的，这种模式下的企业销售范围是可以没有边界的。但事实上，跨国购物的成本非常高，这使大多数的外来电子零售商处于明显的劣势，国界成为电子零售商国际市场拓展的主要障碍之一（Chakrabarti，Scholnick，2002）。已有的研究表明，电子商务的发展具有社会和地域根植性（Gibbs，et al.，2003；汪明峰，卢姗，

2009)。它的空间扩散受到配送能力、消费文化、制度等诸多因素的影响，往往被限制在一个特定的地域范围内（Gibbs，et al.，2003)。此外，跨国零售企业为了支撑电子商务营运，必须进行有效的知识管理，其中的一个办法就是要使雇员之间保持“面对面”的接触和交流（Wrigley，Currah，2006)。因此，网上零售企业的跨国经营活动也是相当地方化的。

（二）空间分布的等级特征

在国家内部，电子商务作为一种新技术，其相关活动的空间分布特点具有鲜明的等级特征，通常是由大城市向小城市扩散（Weltevreden，et al.，2008)，由城市化程度高的市中心地区向城市化程度较低的边缘地区扩散（Weltevreden，Atzema，2006)。从理论上看，小城市或是城市边缘地区由于购物便捷性差，“纯鼠标”零售业应该拥有更大的市场，但事实上，纯电子商务零售企业往往会先选择大城市或是城市市中心地区作为空间扩张的目标市场。其原因主要包括：①信息基础设施分布不均，大城市互联网普及率比小城市高，而互联网是进行电子商务交易的必要手段。②消费者对电子商务手段的接受状况不同，市中心消费者的眼界开阔，思想开放，易于接受新事物，纯电子商务手段比较容易被认可。③交通运输条件差异，市中心交通便捷，运费低，便于货物配送和售后服务。

二、空间组织的影响因素及作用机制

（一）信息的流动性

由于“纯鼠标”零售企业不存在实体店铺，因此相对于“砖头加鼠标”类企业而言，信息流对企业空间扩张的推动力更为显著。信息流动对“纯鼠标”零售企业更多地表现为零售商与消费者之间信息的沟通。零售商通过网络平台能将商品信息有效地传递给每一个目标消费者，不用担心消费者是否在其地理上的服务半径之内；而消费者也能够通过搜索引擎搜索到自己满意的商品，不必顾虑商店距离的远近。但是，实际上这种信息流动还是会受到一定的阻碍，从而使“纯鼠标”企业的业务范围具有特定的地域范围。这些阻碍包括：不同地区的消费者在文化品位、审美观和价值观等方面的巨大差异，各国和地区在使用语言文字上的不同，以及知识产权保护的地域性等。

（二）商品种类

针对不同类型的商品，“纯鼠标”零售企业有着不同的空间发展趋势（French，et al.，2004；Couclelis，2004)。对于无需实物交付的数字化商品，“纯鼠标”

商业交易能在网上直接完成，不受地域的限制。对于需要实物交付的一般标准化商品，“纯鼠标”企业的服务范围往往受到配送条件的限制，造成电子商务企业与传统零售企业在竞争中并存。对于一些非标准化和半标准化商品而言，“纯鼠标”零售商往往由于不具有试用和体验方面的竞争优势，最终将与传统零售企业合为一体或成为传统零售企业的一部分。

(三) 信息配套设施

由于“纯鼠标”零售企业的业务一般是跨城市、跨区域的，且缺乏实体店铺的支持。因此，这类企业的业务规模受制于信息配套设施的支持度。解决网络支付问题和网络信息安全问题被普遍认为是“纯鼠标”零售企业业务拓展的关键。网上零售企业为了服务更广泛的地域范围，会与更多的地方快递公司合作，但又无法对所有的地区都提供货到付款的服务，这就要求网上支付的便捷性和安全性均能达到消费者的期望。

(四) 物流配送模式

电子商务受地理区位约束的程度远超过人们的想象，而物流配送问题是其中的关键（Wrigley，2000；Murphy，2003；谭芳芳，金晓青，2006）。传统零售商建立店铺网络的成本非常高，纯电子零售商基本上都不得不跟随亚马逊（Amazon. com）的模式，采用各种以仓储为基础的分销模式（Wrigley，et al.，2002）。配送经互联网订购的产品需要一些基础设施，包括专业化的物流服务和配送中心网络，而这些设施必然受到区位的约束，运行的成本也非常昂贵，同时仓储配送中心的多少和区位要依据商品的属性及市场的规模和密度等条件来确定。由于“纯鼠标”零售企业缺乏实体店铺的支持，而不同的物流配送方式适用的地理范围不同，因此，具有不同空间组织和市场扩张战略的“纯鼠标”零售企业会相应采用不同的物流配送方式（表 6-1）。

表 6-1 中国电子商务企业的主要物流配送模式

	自营配送	第三方配送	共同配送	邮政
优点	响应及时，全程监控；利于企业一体化作业	降低成本，提高配送效率	相互调剂仓储运输设施，提高配送设施的使用效率，降低成本	覆盖范围极广，可以将业务扩展到每一个县市
缺点	投资大，成本高；在线服务质量可能会受影响	不能直接控制物流，无法获取途中货物的情况	参与人员多而复杂，企业机密有可能泄漏	服务的质量不高，配送时间长，配送成本高
适用企业	大型集团公司	一般规模的企业	有共同利益的多家企业	有业务需要的各类企业
地域范围	省会城市等大城市	中小城市	由合作伙伴决定	县级市及偏远山区

第三节　网上零售企业案例研究：当当网

当当网（www. dangdang. com）是典型的“纯鼠标”电子商业，至今没有开设实体店铺。当当网 1999 年开通，总部位于北京，目前是全球最大的中文网上图书音像商城，面向全世界中文读者提供约 60 万种图书和音像商品。成立之初，当当网的销售额就达到 200 万元，随后的年销售额呈高速增长趋势，至 2009 年每年成长率均超过 100%。2009 年当当网拥有超过 4000 万的注册用户，图书销售码洋超过 20 亿元。设立初期，当当网主要以销售图书、CD/VCD 和在线游戏为主。近年来，销售商品种类趋于多元化，礼品、化妆品、休闲服装等商品也成为销售主力商品。至 2009 年，图书的销售额大约占到了 50%，而音像和其他商品的销售额分别占 30%和 20%。在支付方式上，当当网提供了信用卡支付、汇款、货到收款等多种支付方式。

一、网上书店与传统书店的比较

从当前发展态势来看，当当网作为一种新的书刊消费渠道，与传统书业存在着相互补充的关系。由于两种零售形式都具有不可替代的竞争优势，因此两者将会并存，而且共同发展，很大程度上不存在一方替代另一方的问题。当当网的市场主要是针对一些没有太多时间逛书店的年轻人和一些具有明确目的的购书者，当当网能为他们提供价格优惠的图书和便捷的服务；对于想购买稀缺的专业书籍和本地难以购买书籍的读者而言，当当网也是绝佳的选择。而传统书店则针对大众化市场，主要适合那些没有明确目标的购书行为，将逛书店作为休闲娱乐的购书者，或者是需要对图书的内容和设计作深入了解后才能作出购书决定的购书者。

二、当当网的空间组织及其影响因素

（一）当当网的空间组织特征

当当网作为“纯鼠标”零售企业，其服务范围比国内其他“砖头加鼠标”企业广泛得多。当当网的空间扩张速度也相当惊人，从 1999 年配送范围仅限于中国 12 个大城市，发展到 2005 年为全国 66 个城市提供货到付款服务，2006 年送货上门服务在全国已突破 180 个城市，2008 年提供货到付款的城市达到 360

个，而目前提供送货上门服务的城市总数已超过 800 个。从城市体系来看，当当网的扩张版图已从一、二级城市延伸到三级城市。

当当网的空间组织概括起来有以下几个特点。首先，当当网的服务范围以中国国内为主。虽然通过全球邮政系统，当当网也为海外地区服务，但是配送时间需要花费 1～2 个月，且运费为总计商品原价的 50%。因此，很少有海外消费者在当当网上购物，当当网主要还是针对国内市场。其次，分销体系以六大物流中心所在城市为重心，向邻近地区辐射。在 2009 年之前，当当网先后在销售能力较强的北京、上海和广州建立了物流中心，并以此为基础为华北、华东和华南地区的消费者提供快速便捷的服务。从 2009 年至今，当当网又投建了成都、武汉和郑州三个物流中心，使中西部地区的货运速度显著提升。再次，当当网为东部沿海地区的城市基本都提供了送货上门的服务，而在西部地区则局限在一些省会城市。根据中国互联网络信息中心的报告，上海、北京和广州依次是国内网络购物市场的前三位城市（表 6-2）（中国互联网络信息中心，2008）。特别对当当网来说，除了北京之外，在广州也发展得较好，网络购物渗透率均超过 20%，而在上海的用户比例则要略低一些，为 14.5%。相应的，当当网在上述三个城市的配送力量较强。最后，当当网有选择地逐渐向三级城市扩展。对西部地区和县级城市而言，由于互联网的普及和居民的文化程度不高，再加上交通不便利，当当网在这些地区的扩张较为谨慎。在东部，当当网选择了一些经济相对较发达的县级市提供送货上门服务；而在西部，则主要集中在省会城市和某些较大的城市。

表 6-2　2008 年中国重要城市的网络购物市场概况

	北京	上海	广州	其他直辖市和副省级城市	合计
网民数/万人	737	830	395	3757	5719
网购人数/万人	287	375	126	810	1598
网络购物渗透率/%	38.9	45.2	31.9	21.6	27.9
半年人均购物金额/（元/人/半年）	1098	1107	856	966	—
半年网购金额/亿元	31	42	11	78	162

（二）当当网空间组织的制约因素

当当网的空间组织主要受到基础设施、支付方式和配送模式三方面因素的制约。在基础设施方面，网上购物的前提是具备上网途径。虽然经过多年的发展，西部地区网民普及率已有所上升，但到 2008 年中西部地区的网民普及率仍仅为东部地区的一半（图 6-1）（王若懿，2008）。因此，至 2010 年底，当当网还未将送货上门的服务扩大到新疆和西藏，而内蒙古、甘肃和青海仅在省会城市才可享受到此项服务。网络基础设施的普及度影响了西部地区的市场规模。

当当网2003年的销售额为1亿多元，在成都的年销售额为300万元，整个西南地区也仅为1200万元，无法达到建立物流中心的标准。因而，原定于2004年落户成都的物流中心最终搁浅。而缺乏物流中心的支持又影响了当地的配送速度，反过来严重阻碍了当当网在西部地区的发展，形成一种恶性循环。直到近几年，中西部地区的网民普及率大幅提升，网购市场规模随之扩大。成都物流中心作为当当网的第四个物流中心于2009年5月份正式启用，配送范围覆盖四川、云南、贵州及重庆。而后，武汉和郑州的物流中心也相继投建，进一步加快了中西部的配送速度。

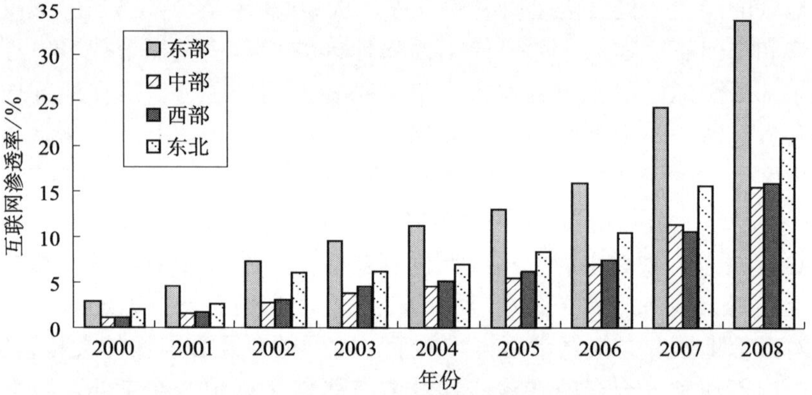

图6-1　2000～2008年中国网民普及率的区域差距变化

当当网提供多样化的支付方式，其中货到付款是目前消费者最易接受的。通过货到付款支付的货款最终由快递员带给配送公司，再汇至网络书店的账户。因此，货到付款方式需要快递公司的支持和配合。因为当当网有着特殊的物流渠道优势，与各城市的大小快递公司都有良好的合作伙伴关系，所以货到付款的额度能够占到当当网总销售额的70%以上。邮局汇款也是当当网用户使用较多的支付方式，一般是先到款再发货。当当网也在积极推进其他的各种支付方式。信用卡付款、银行转账等渠道给客户提供了更多的选择。2004年末，当当网开通了Paypal实时到款业务，有效缩短顾客用网络支付的传递时间，也为拓展海外业务提供了支撑。

当当网的配送模式是通过自建物流中心，对干线运输、区域配送实现业务外包（图6-2）（范月娇，李佳洋，2007）。同时，网站一方面选用第三方物流供应商的硬件和有效管理，另一方面则实施网站自身物流部门的运营监控职能。在此基础上，引入邮政快递等其他物流提供商为补充，最终实现远程物流配送的有效运作。当一笔订单产生时，当当网将判断从哪个物流中心调货最优，然后订单被发送到该物流中心。物流中心接到订单，备好货，再通过快递公司或邮政部门在配送区域范围内进行配送，港澳台及海外地区则由国际配送公司或EMS进行配送。

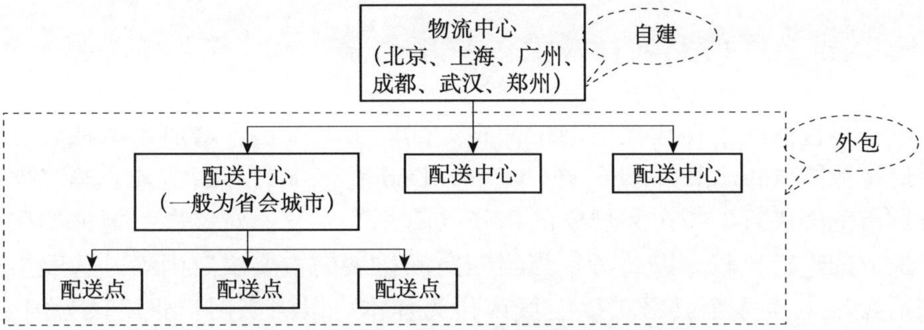

图 6-2　2010 年当当网的物流配送结构

当当网主要有普通快递、普通邮递、特快专递和加急快递四种配送方式（表 6-3）。与一般的“砖头加鼠标”商家不同，当当网将配送业务外包出去，依靠专业快递公司进行配送，并与民营快递公司合作。为了控制同城的物流成本，并保证在短时间内将货品送到，当当网甚至选择了“单车物流”作为同城货件的快递方式（王若懿，2008）。在北京，当当网靠着单车物流实现了 4 小时送货到家的服务。当当网的这种配送体系使配送范围较广且具有灵活的扩展性，开拓新的区域只要在该地区选择优质的物流提供商即可完成区域布局，实现远程物流配送服务（中国互联网络信息中心，2001～2010）。但是这种配送模式也存在一些弊端。首先，配送服务的质量难以保证。当当网每年收到的投诉和退换要求不下万条，大部分是当当网委托配送公司的疏忽或者说对顾客的不负责任造成的延迟配送等问题。这主要是因为不少运输企业和快递公司的规模较小，经营还不够规范。其次，由于与之合作的快递公司并不由当当网管理，所以在 2010 年时查询商品在途位置的功能还难以实现。最后，与当当网合作的配送企业以送货业务为主，很少拥有大规模的配送中心，使得当当网不得不自建配送中心，从而提高了配送成本。

表 6-3　2010 年当当网的配送模式

配送方式	送货范围	合作伙伴	配送时间		配送价格	
			北京、上海等主要城市	大陆其他地区	价格	备注
普通快递送货上门	全国 800 多个城市	民营快递公司	1～2 天	2～7 天	5 元/单	活动期间免运费
加急快递送货上门	北京、上海、广州、深圳的城区	民营快递公司	0～1 天	无	10 元/单	限当地发货订单
普通邮递	全国范围	中国邮政	5～9 天	1～2 周	5 元/单	活动期间免运费
邮政特快专递	全国范围	中国邮政 EMS	3～5 天	3～5 天	订单总金额的 100%	运费低于 20 元按 20 元收取

资料来源：根据当当网（www. dangdang. com）整理，2010-08-02

注：港澳台地区仅提供邮政配送方式，普通邮递时间较长，EMS 一般为 3～5 天

三、当当网的空间拓展及其决定因素

电子零售商的生存往往依赖于两种方式的市场拓展：增加商品种类和扩大市场地域范围（Wrigley，Currah，2006；Dodge，2001）。2005 年，当当网曾对服务城市范围进行了一次大规模的扩张（图 6-3）。下面对该次大规模扩张的前后配送范围进行比较，以此考察当当网空间拓展的主要决定因素。选取当当网扩张后覆盖的 182 个县级市以上城市作为样本，以当当网扩张阶段为因变量，将当当网扩张前提供配送的城市赋值为 1，扩张后新增配送服务的城市赋值为 2，并采用城市等级、城市与三大物流中心的距离、城市总人口、城市市辖区人口/城镇人口、人口密度、GDP、人均 GDP、限额以上批发零售贸易业商品零售总额和社会消费品零售额 9 个自变量，进行 Logistic 回归分析，试图找出影响当当网空间扩张的主要因素。数据来源为《中国城市统计年鉴 2005》（国家统计局城市社会经济调查总队，2006）。

图 6-3 2005～2006 年当当网的服务城市扩张

（一）数据分析

首先，将当当网扩张阶段变量与 9 个变量分别进行相关分析。由于扩张阶段变量为分类变量，所以采用 Spearman 相关法。根据统计结果，9 个变量均与扩张阶段变量存在显著相关（表 6-4）。

表 6-4　自变量与因变量间的相关系数

变量名称	变量类型	相关系数	显著水平
城市等级	等级变量 直辖市＝“4” 副省级市（或省会城市）＝“3” 地级市＝“2” 县级市＝“1”	－0.524	0.000
城市与三大物流中心的距离	等级变量 物流中心所在城市＝“4” 物流中心周边城市＝“3” 物流中心邻近省城市＝“2” 其他城市＝“1”	－0.187	0.011
城市总人口	连续变量	－0.243	0.001
城市市辖区人口/城镇人口	连续变量	－0.536	0.000
人口密度	连续变量	－0.382	0.000
GDP	连续变量	－0.591	0.000
人均 GDP	连续变量	－0.585	0.000
限额以上批发零售贸易业商品零售总额	连续变量	－0.637	0.000
社会消费品零售额	连续变量	－0.588	0.000

进一步通过回归分析，找出 9 个因素中影响当当网城市扩张的主要因素。由于扩张阶段变量为分类变量，故采用 Logistic 回归分析。利用 SPSS 工具，以假定参数为基础作似然比概率检验，向前逐步选择自变量（表 6-5）。第一步人均 GDP 变量入选，方程解释能力达 87.8%；第二步城市等级变量入选，方程解释能力达 92.8%；第三步人口密度变量入选，方程解释能力达 92.8%。方程有效性经卡方检验，X^2＝117.480，P＝0.000。

表 6-5　SPSS Logistic 回归分析结果

步骤	进入方程的变量	方程解释能力	卡方值	自由度	显著水平
1	人均 GDP	87.8%	77.201	1	0.000
2	城市等级	92.8%	110.804	2	0.000
3	人口密度	92.8%	117.480	3	0.000

（二）结果讨论

从上述统计结果可知，当当网配送城市范围的空间扩张战略主要受到城市人均 GDP、城市等级和人口密度三个因子的影响。首先，人均 GDP 代表了一个地区的经济发展水平。作为一个综合指标，整体上反映了网上零售业赖以生存的诸多相关要素的发展状况。电子商业作为一种零售业的新形式，其发展势必需要有一定的经济基础作为保证。此外，一般新技术的扩散规律也是由经济发达地区向欠发达地区蔓延，地区之间的技术应用水平差异最终取决于经济差异。其次，当当网配送城市范围的空间扩张与城市等级的关系密切，总体上是从直辖市开始蔓延到副省级市和主要省会城市，进而向一些主要地级市扩散，最后覆盖县级市。在中国，城市的发展条件与城市的行政等级有着非常密切的关系。特别是，城市等级高意味着城市拥有较好的信息和交通基础设施（汪明峰，宁越敏，2006），可以为网上零售业提供有效的支撑。最后，人口密度也是当当网选择配送城市要考虑的重要因素。因为市场决定销量，当当网的扩张应以足够的市场需求为基础。人口密度高的城市市场基数大，从而市场需求将会较人口密度低的城市高。同时，较高的人口密度也意味着可能降低配送成本。

第四节 小　结

尽管网上购物如同其他互联网活动一样，最初被想象为可以跨越空间距离的束缚，但现实中的电子商务发展仍然建立在地域根植性上。对当当网空间组织的案例研究表明，地理因素和地理过程是网上零售业发展中值得关注的层面。首先，与以往的技术创新一样，在电子商务条件下，零售企业的扩张在中国仍然遵循等级式的路径。其次，信息基础设施、物流配送和支付手段的完善程度决定了该地区网上零售业的发展水平，而这些条件最终取决于经济发展水平。因此，城市或地区之间的经济差异决定了电子商业的发展水平差异。最后，本章的分析主要集中在宏观层面，结果表明网上零售企业的空间组织和扩展与传统零售企业的差异并不明显。但在城市内部或者更微观的层面，电子商业对传统零售空间的影响可能会比较显著（Weltevreden，van Rietbergen，2007）。

当然，本章探讨的当当网还只是一种“纯鼠标”零售企业，而电子商务的不同组织形式和商业实践也可能为我们呈现不同的地理格局。比如，越来越多的人认为采用多渠道战略，或者说网络零售与传统零售相互融合是零售业未来发展的趋势。对于这种企业的空间组织来讲，地理因素的作用或许更加显著。对不同类型的电子零售企业在不同空间层面上的空间组织进行比较是值得进一步研究的方向。

第七章
智慧城市建设与规划比较

自2008年IBM公司提出智慧地球的概念后，世界不少地区积极响应，提出了各式各样的建设模式。这些模式围绕城市可持续发展、城乡一体化发展、民生核心需求等关注点，将“互联网+物联网”等先进信息技术与城市管理运营理念进行有机结合，让城市运作更安全、更高效、更便捷、更绿色（王世福，2012）。随着城市问题的信息技术解决方案喷涌而出，智慧城市建设也被认为是当前中国新型城镇化进程的新动力（牛文元，2014）。近几年，国内掀起了智慧城市研究和建设的新一轮高潮，城市研究与规划领域内关于智慧城市的探讨也迅速升温（孙中亚，甄峰，2013；赵渺希等，2014）。然而，一些研究也指出各地在推进智慧城市建设上仍然存在诸多问题（上海工程技术大学课题组，2013）。本章基于国内外学者对智慧城市的研究，从智慧城市的内涵出发，试图对中国智慧城市的规划文本进行比较分析，以期为智慧城市的进一步发展提供有益的参考。

第一节　智慧城市的概念和内涵

目前，智慧城市仍处于发展探索阶段，其概念相对模糊，学者从不同的角度提出了自己的见解。对相关文献进行梳理，可以将智慧城市的概念分为三类。

第一类强调先进技术的应用。Harrison等（2010）认为智慧城市是将信息技术、社会和商业等基础信息充分连接，对集体智慧充分利用的城市。吴胜武和闫国庆（2010）认为智慧城市将是人与人之间的P2P通信扩展到了机器与机器之间的M2M通信，“通信网+互联网+物联网”构成了智慧城市的基础通信网络，并在通信网络上叠加城市信息化应用。巫细波与杨再高（2010）提出“智慧城市=物联网+互联网”，李德仁等（2010）结合数字城市提出“智慧城市=数字城市+物联网”。

第二类强调人的参与。Caragliu等（2009）提出智慧城市的公民参与性，即人人参与，通过参与式治理，可以有效地对通信基础设施、社会资源等领域进行投资，并从公民参与的范畴讨论了其对于经济增长、改善市民生活、绿色环保等的作用。仇保兴（2013）认为智慧城市的建设基于新一代信息技术支撑、知识社会下一代创新（创新 2.0）环境。如果说创新 1.0 是以技术为出发点，创新 2.0 就是以人为出发点，以人为本的创新，以应用为本的创新。数字城市注重从管理层面体现城市的信息化，而智慧城市则注重从用户体验的角度即从市民的角度来体现城市的信息化和智能化。逄金玉（2011）认为智慧城市注重从市民的角度来体现城市的信息化和智能化。

第三类强调城市的发展。肖易漪与孙春霞（2012）将智慧城市看作是工业信息化背景下城市发展的必然产物，无线城市是第一步，之后过渡到数字城市和智慧城市。Shapiro（2003）、Dirks 与 keeling（2009）均提出智慧城市是通过科学技术、社会资本及环境的综合作用来提升城市竞争力，进而推进城市化的发展。Toppeta（2010）认为智慧城市是一个城市设计和规划的新概念，通过信息技术的应用确定的城市化管理方案，进一步提高城市的宜居程度，使城市逐步实现可持续发展。

综合来看，智慧城市是将互联网、物联网等信息技术充分应用于现代城市建设和管理之中，强调以人为本，以市民的生活为关注点，覆盖人们生活的方方面面，提高市民的生活质量和完善城市管理体系，以实现城市可持续发展的目标。通过对已有文献的进一步梳理，还可知悉智慧城市一般具有的以下几点内涵。

首先，智慧城市具备了无处不在的感知力和全面的互联互通。多样的信息网络技术是智慧城市的基础，为其提供了透彻的感知视角，实现了对城市物理空间全面、综合的感知，动态地获取城市的各种信息（巫细波，杨再高，2010）。同时，智慧城市强调更全面的互联互通（巫细波，杨再高，2011），以及对城市问题快速、智能的处理，实现信息资源一体化并且使之更为立体化，拓展了分析问题的广度、提升了解决问题的高度，改变了城市的运行方式。

其次，智慧城市更注重可持续发展这一主题。智慧城市用虚拟网络引导实体网络，减少城市能源消耗，改善城市资源配置效率，减轻城市压力，优化城市生活环境。智慧城市建设使城市由“粗放型”、“外延型”向“集约型”、“内涵式”模式转变，给城市带来巨大的发展红利，是一条优化了的城市化道路（邹佳佳，马永俊，2012）。

最后，智慧城市提供了广泛的城市服务。在智慧基础设施完善的基础上，实现三网合一，政府和企业进行科技和业务的创新也将更为便捷，每一个市民都能够高效地参与到城市各系统中①。与过度强调技术主义的智能城市相比，智

① IBM. 2013. 智慧的城市在中国 . http：//www. ibm. com/smarterplanet/global/files/cn _ zh _ cn _ cities _ white _ paper _ 0924 _ _ 4918kb. pdf [2013-12-30]。

慧城市更强调了城市“人本”与“技术”智慧对城市发展的推动（孙中亚，甄峰，2013）。智慧城市更加突出人的需求，以人为本，通过智慧城市建设，让社会各个层面的人们都可以感受到智慧带来的便利，从而更有效地工作，更好地参与到社会生活中（张云霞，2012）。

综上所述，智慧城市是在新的信息技术的支撑下，优化城市运行方式，促进城市各个关键系统和参与者进行和谐高效地协作，让城市达成最佳的运行状态。同时，智慧城市更关注人的需求和市民的参与，也为市民提供了更为广泛的服务，方便市民更好地参与社会生活。

第二节 智慧城市的建设进程及现状分析

智慧城市建设通常可划分为 5 个阶段，即启动、展开、建设、提升和完善阶段①，目前国内智慧城市建设已经从启动期进入展开和建设期。自 2010 年起，中国部分地区开始启动智慧城市战略，随后两年先后有不少城市和地区对外公布了智慧城市行动纲要或相关规划政策（表 7-1）。“十二五”时期被认为是智慧城市建设夯实基础最为关键的五年，而 2011 年无疑成为各地的智慧城市规划年，很多地区将智慧城市建设纳入了“十二五”规划。

表 7-1 智慧城市建设初期部分城市的规划和行动计划

城市/地区	发布时间	政策文件
佛山	2010 年 8 月	《“四化融合智慧佛山”发展规划纲要（2010—2015）》
北京	2011 年 1 月	《北京“十二五”时期城市信息化及重大信息基础设施建设规划》
深圳	2011 年 1 月	《深圳市国民经济和社会发展第十二个五年规划纲要》第四章“加快建设智慧深圳”
南京	2011 年 2 月	《南京市国民经济和社会发展第十二个五年规划纲要》第十五章“建设智慧南京”
宁波	2011 年 6 月	《宁波市加快创建智慧城市行动纲要（2011—2015）》
浦东新区	2011 年 7 月	《智慧浦东建设纲要（iPudong2015）——浦东新区国民经济和社会信息化“十二五”规划》
上海	2011 年 9 月	《上海市推进智慧城市建设 2011 - 2013 年行动计划》
扬州	2011 年 9 月	《“智慧城市”建设行动计划》

早在 2006 年，南京市政府就完成了《构建智慧城市、引领未来发展》等重要课题。在之后的数年中，中国地方政府在推动智慧城市发展的过程中出台了

① 物联中国 . 2013. 物联网解决城市问题 智慧城市即将到来 . http：//news. 21csp. com. cn/c11/201301/54346. html [2013-01-04]。

很多相关的政策。宁波市在2010年9月出台了《中共宁波市委宁波市人民政府关于建设智慧城市的决定》，这是国内最早颁布的地方政府推动智慧城市建设的政策文件。此后，包括佛山、广州、上海、北京等城市都积极开展智慧城市相关规划政策的制定工作。智慧城市建设随之进入了高速推进期。

2012年底，住房和城乡建设部（简称住建部）以“智慧地推进新型城镇化发展”为目标，启动了创建国家智慧城市工作，先后遴选了两批共193个不同区域的市、区、镇作为试点。这是近年来住建部为解决中国城市面临的实际问题和困境而开展的，目的是再次加强对城镇化发展及规划的认识，加强城镇规划和管理，并用智慧的手段来合理配置城市资源。

住建部在2013年1月公布了第一批试点城市总计90个，包括37个地市，50个区县和3个镇，在2013年8月推出第二批试点城市有103个。从这些试点城市的空间分布（图7-1）上看，一方面，东部地区智慧城市群形成，空间集聚特征明显。目前中国智慧城市主要集中在东部沿海地区，最早进行智慧城市建设的如宁波、上海等都位于传统经济发达地区。并且东部沿海省份的智慧城市数量最多，山东、江苏、广东、浙江、河北的智慧城市数量在住建部公布的表单前列。作为中国经济发展的龙头城市的北京、天津、上海等直辖市在智慧城市建设中走在全国前列，起到的辐射带动作用十分明显，形成了以北京为中心

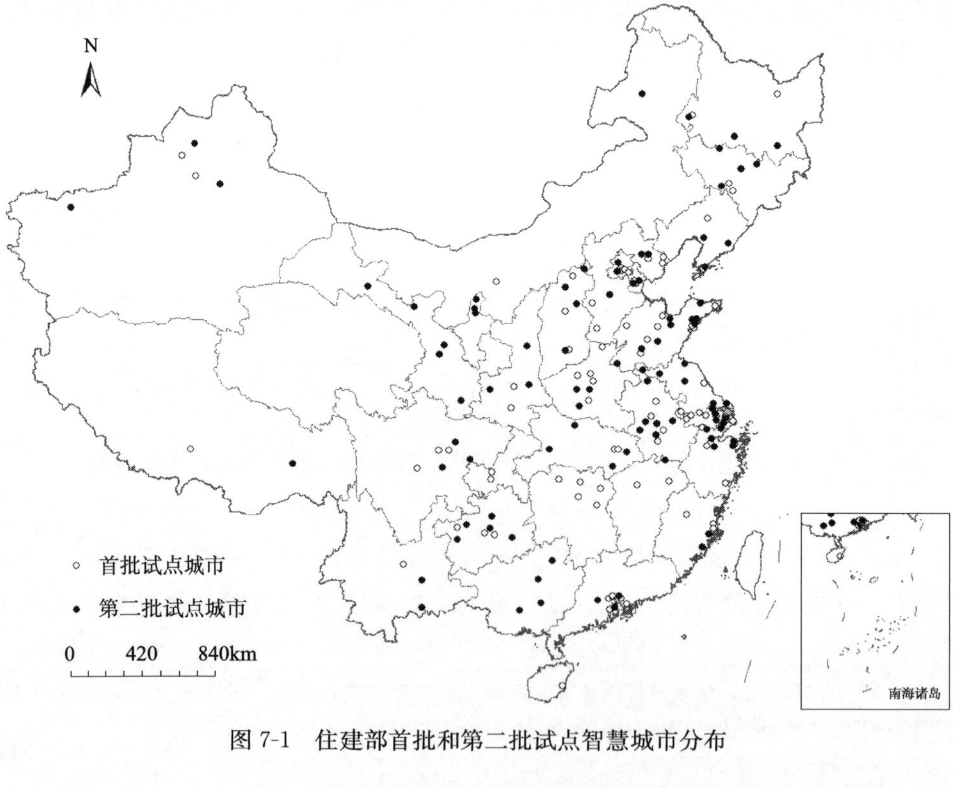

图7-1 住建部首批和第二批试点智慧城市分布

的京津冀、环渤海智慧城市群，以上海为中心的长三角智慧城市群，和以广州为中心依托港澳的珠三角智慧城市群。另一方面，中西部地区智慧城市以点带面分布，中部地区崛起的趋势十分明显。湖南、湖北、安徽、河南等地的智慧城市数量大有赶超东部沿海经济发达地区的趋势，西部地区土地辽阔，青海、西藏、广西等地智慧城市建设相对滞后。

当前的智慧城市建设在不同空间尺度上展开，各地根据自身需求设定了不同的规划目标。按照消费市场分级，本章选取了 24 座已经出台智慧城市建设相关政策的试点城市进行梳理，比较各级城市的建设目标异同（表 7-2）。

表 7-2　智慧城市建设的相关目标概要

类别	城市	相关建设目标概要
一线城市	北京	加强基础建设，以应用为突破点，跻身世界级信息化城市
	上海	借力城市信息化，立足企业，构建长三角城市群新形态
	广州	发力产业升级，注重城市治理，以解决“大城市病”难题
	深圳	以需求和应用为导向，以打造国际先进信息港为目标
二线城市	天津	培养战略性新兴产业群，构建智能化的北方经济中心
	武汉	高起点建设，打造中部公共服务中心，构建幸福城市
	宁波	以应用带动信息产业聚集，走在智慧城市的前沿阵地
	杭州	以“幸福和谐”为智慧标签，打造东方品质之城
	南京	以产业带动智慧城市，实现转型、创新、跨越发展
	苏州	工业、宜居两手拿抓，以智慧助推苏州跻身亚太前列
	西安	打造西部“样本”，向西安国际化大都市迈进
	青岛	集聚发展信息产业，打造北方一流数据中心
	无锡	以物联网应用带动产业发展，铸造智慧化生活
	昆明	整合信息化基础设施资源，打造南亚“国际陆港”
三线城市	佛山	以产业转型为核心，推动四化融合
	常州	以应用和制造为主线，打造现代化精品城市
	东莞	发展典型示范应用，以试点为智慧探路
	扬州	以应用为先导，以百姓幸福感为出发点
	舟山	广泛互联、全面感知，建设海洋信息产业基地
	珠海	借用港澳台区位优势，打造海陆空特色产业
	株洲	实施科教先导战略，构建生态智慧新城
	嘉兴	借助产业优势，稳步全面推进智慧城市建设
	淮安	以基础建设为重点，打造可持续发展的产业新城
	湘潭	借力长株潭城市群，破解发展难题，振兴产业

资料来源：根据各城市出台的相关规划政策整理

一线城市在建设智慧城市过程中，建设目标很明确，侧重于需求和应用，注重城市治理。一方面，瞄准城市信息化的高级阶段，为城市总体发展目标提供支撑，注重城市发展的需求，将智慧城市理念运用到城市治理之中。另一方面，智慧应用可以作为城市发展的突破口，摆脱传统建设模式的弊端，对于解决大城市病很有帮助，从智慧城市的硬件建设逐步过渡到软件的建设。

二线城市的建设目标与一线城市相比更强调产业的作用，以产业发展促进智慧城市的建设。比如，南京提出以产业带动智慧城市，无锡提出以物联网应用带动产业发，苏州则更具体地提出了工业和宜居同时发展，宁波的目标也是以应用带动信息产业的集聚。

对于三线城市而言，大多是依托临近大城市等区位优势，重点建设基础设施和特色产业。比如珠海依托邻近港澳的区位优势，打造海陆空特色产业。湘潭是借力长株潭城市群，振兴产业。舟山等地也依托临海的优势，建设海洋信息产业。由此可见，在智慧城市的建设过程中，三线城市首先是明确自身的定位，根据自身的优势来建设和发展产业，在加强基础设施的同时要注重依托附近的一、二线城市，实现协调发展。

第三节　智慧城市战略规划的内容比较

本节进一步选取北京、上海、广州、深圳、香港和台北这六个城市进行比较研究，对这些城市建设智慧城市的相关规划政策进行梳理，分析其战略目标和主要内容的差异。其中，四个内地城市都在 2011 年先后发布了智慧城市建设政策文本，随后又有补充。北京在 2012 年发布了《智慧北京行动纲要》[①]，上海在 2011 年发布了《上海市推进智慧城市建设 2011—2013 年行动计划》[②]，广州在 2012 年发布了《中共广州市委广州市人民政府关于建设智慧广州的实施意见》[③]，深圳在 2012 年印发了《智慧深圳规划纲要（2011～2020 年）》[④]。港台地区的相关政策出台相对较早，台北在 2008 年推动“i-Taiwan”的第五项发展计划，又在 2011 年推出“UI-TAIPEI”和《台北市政府推动智慧城市建设纲要计划》[⑤]。香港出台的相关政策有 1998 年的“数码 21”资讯科技策略[⑥]和 2011 年

---

① 北京市经济和信息化委员会 . 2012. 智慧北京行动纲要 . http：//www. bjeit. gov. cn/zwgk/mtbd/68482. htm [2012-03-07]。

② 上海市人民政府 . 2011. 上海市推进智慧城市建设 2011～2013 年行动计划 . http：//www. sheitc. gov. cn/szfgh/652766. htm [2015-03-19]。

③ 中共广州市委广州市人民政府 . 中共广州市委广州市人民政府关于建设智慧广州的实施意见. http：//www. guangzhou. gov. cn/node _ 2190/node _ 2215/2012/10/26/1351220309397775. shtml [2012-09-19]。

④ 深圳市经济贸易和信息化委员会 . 2012. 智慧深圳规划纲要（2011 - 2020 年）. http：//www. szjmxxw. gov. cn/Index20/1789. shtml [2012-05-18]。

⑤ “台北市政府”. 台北市政府推动智慧城市建设纲要计划（96 - 99 年）. http：//www. tcg. go. tw [2009-05-18]。

⑥ 香港特别行政区政府 . 1998. 数码 21 资讯科技策略 . http：//www. digital21. gov. hk/sc/index. htm [1998-11-11]。

的云计算服务及标准的规划。通过对上述规划文本的比较分析可知，四个内地城市的建设目标都倾向于通过信息基础设施的建设推动城市的发展及产业的升级和转型，对于市民的参与和需求方面虽然有所提及，但没有列出专项计划。而香港和台北在政策文本中更多地阐述城市公共服务及市民参与等内容，比较强调市民的需求和以人为本的理念。

借鉴《智慧城市评价指标体系2.0》① 对六个智慧城市的建设政策文本进行比较，并根据其内容的描述详细程度将其分为详细描述（△△）和略有涉及（△）（表7-3）。进一步将六个维度的所有内容都涉及的满分值设定为6，根据各城市在不同维度中的侧重程度做出六维度分析图（图7-2）。前四个城市的规划重点集中在智慧城市的基础设施、公共管理和服务、信息服务经济发展三个维度，与前文分析的战略目标基本一致。而港台地区则更强调城市人文科学素养、市民主观感知、软环境建设这三个维度，尤其是在人文科学素养维度。台北市政府强调终身学习的理念，并努力弥补数字鸿沟；香港则强调教育和职业训练机构的合作，提升在职人士的技能水平。

表7-3　六个智慧城市规划侧重维度比较

维度	要素	北京	上海	广州	深圳	香港	台北
基础设施	宽带网络建设水平	△△	△△	△△	△△	△△	△△
公共管理和服务	政府服务	△	△△	△△	△	△△	△△
	交通管理	△△	△△	△△	△△	—	△△
	医疗体系	—	△△	△△	△△	—	—
	环境保护	—	—	△△	△	—	—
	能源管理	—	—	△	△	—	—
	城市安全	△△	△△	△△	△△	—	△△
	教育体系	△	△△	△△	△△	△△	△△
	社区管理	—	△△	—	△△	—	△△
信息服务经济发展	产业发展水平	△△	△△	△△	△△	△	△
	企业信息化运营水平	△	△	—	△	△△	△△
人文科学素养	市民收入水平	—	—	—	—	—	△
	市民文化科学素养	—	—	△	—	△△	△△
	市民生活网络化水平	△	—	—	—	△△	△△
市民主观感知	生活的便捷感	—	—	—	—	△	△△
	生活的安全感	—	—	—	—	—	△△
软环境建设	规划设计	△	△	△	△	—	△△
	氛围营造	—	—	—	—	△△	△△

注："—"表示该城市的规划未涉及该项内容

① 上海浦东智慧城市发展研究院.2012.智慧城市评价指标体系研究.http://www.pdscri.com/new.php?id=14 [2012-12-12]。

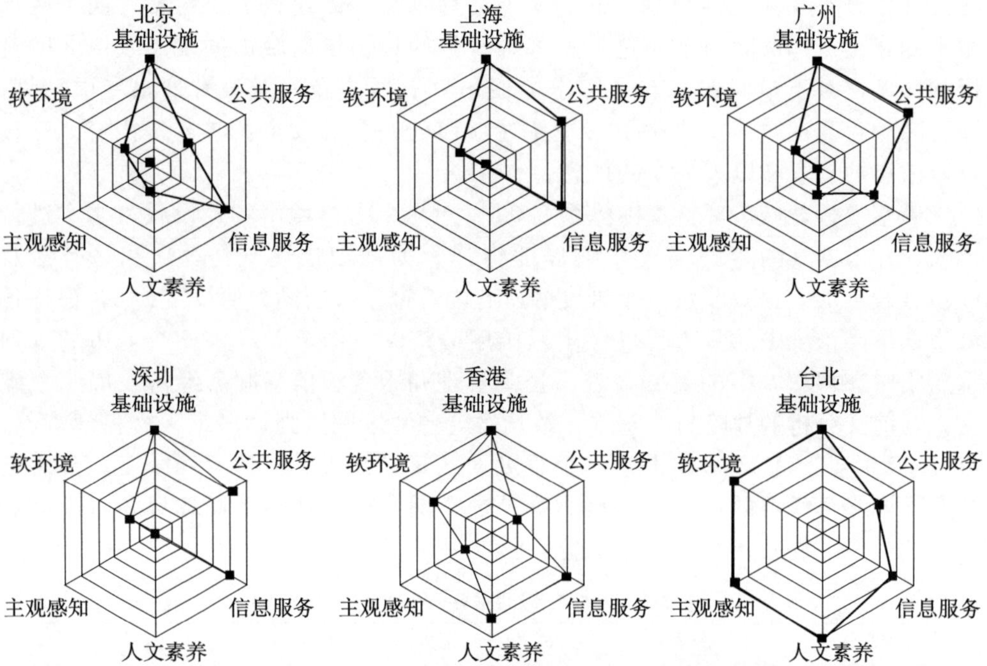

图 7-2 六个智慧城市规划侧重点维度分布

注：为简洁起见，图中六个维度名称使用了缩略语

一、智慧城市基础设施维度

内地四个城市都非常注重基础设施维度。北京的规划中制定了专门的信息基础设施提升行动计划，完善高速泛在的信息网络。上海提出建设具有国际水准的信息基础设施，并且提出了数个专项来推进宽带城市、无线城市等建设。广州侧重新一代宽带网络、数个云计算中心和大数据城市信息资源库的建设。深圳提出加快对现有城市基础设施进行智慧化改造，建设无所不在的感知网络。相比较而言，香港和台北的规划内容有所不同。台北更为重视平台开发，致力于服务公众的生活应用和网络平台建设。香港在强调建设先进高频宽的宽带网络基础设施的同时也鼓励业界投资和有效竞争，为客户提供优质创新的服务。

二、智慧城市公共管理和服务维度

六个城市都比较重视智慧城市公共管理和服务维度的建设，在具体的文本中对智慧政府、交通、安全、医疗、教育等方面的建设重点有所不同。

智慧政府方面。北京的出发点是提高党的执政能力及政府效率。上海也提出了党和政府机关之间的业务协同，共享信息，提高公共服务方便度。广州通过网上的政府与市民间的互动，提高信息公开程度，完善百姓热线。香港和台北更强调市民的需求和感受，提出建构电子化政府，提升市政效率和服务品质，让市民感受到政府的用心。

智慧交通方面。内地四市从硬件的建设、各方面的协调及公共信息服务等方面提出智慧交通的建设规划，包括完善路网的智能监控设备并形成监控体系，建设道路智能收费系统等。台北的智慧交通规划是通过智慧道路收费系统等具体的便民措施提升民众权益保障。

智慧安全要素是六个城市都侧重的方面。北京提出加强视频监控网络、应急响应、网络安全等的建设，完善生产、食品药品等监管体系。广州和深圳也有类似的智慧安全内容。台北提出建设全方位的防灾防疫系统，并且结合地理信息系统，提升消防、犯罪等公共安全的预防和处理能力，保障市民的安全。

在智慧教育方面，各城市解决方案有所不同。内地几个城市主要采用政府部门主导的方式，如上海提出优化教育系统的网络基础设施，充实教育资源库，共享教育资源，广州和深圳提出了智慧校园的计划。香港鼓励网上学习和私营机构加强伙伴合作关系。台北提出充实学校教育资源，建立资讯化教室，并推出教育入口网站。

在其他要素上，除北京外的内地三个城市都有医疗方面的具体内容，提出了在线健康咨询、查询检查和会诊服务等。另外，广州和深圳在环保和能源方面，提出对生态环境的感知监控和完善气象、灾害、能源等多方面的预警监测系统。深圳还提出要建设新能源再生平台，并且提出专项规划建设智能电网工程，用来满足智慧城市对能源的新需求。

三、智慧城市信息服务经济发展维度

六个城市都重视产业的作用。上海推出相关政策支持高新技术产业的发展，北京计划实施“祥云工程”① 促进新兴产业的发展，深圳提出要在技术产品开发、创新及系统集成等领域展开深入的合作，促进资源整合。相比较而言，香港和台北对产业发展的规划内容并不多，比如香港从创意产业的角度提出促进数码娱乐和广播等产业的发展，台北侧重打造台北科技走廊，指引资讯业的发

① 2010年10月，北京市经信委发布了《北京“祥云工程”行动计划》，提出在2015年，使“云计算”的三类典型服务——基础设施服务、平台服务及软件服务形成500亿元产业规模，由此带动云计算产业链形成2000亿元产值。

展。另外，在企业信息化运营方面，港台都有详细的政策方案，而内地则少有提及。台北致力于推动企业资讯化，建立台北市中小企业服务网络，提供多元实时信息和查询通道。香港则积极推动工商业界使用电子商务和资讯科技，以提高本土企业的竞争力。

四、智慧城市人文科学素养维度

内地四个城市都没有重点涉及人文科学素养维度，而港台两地则比较重视这个方面。台北具体地提出要补助低收入群体购买电脑，提供市民 3 小时免费上网培训，并针对台湾原住民提出使用新的资讯手段提高原住民的竞争力。香港提出要培育人才和推广文化，以推动资讯科技的发展并鼓励各界人士加以应用，比如开设一些免费的资讯科技认知课程、提供信息查询服务、组织电视娱乐节目等活动，以及提供免费上网的公共电脑，来提高市民对于资讯科技的认知并加以推广。

五、智慧城市市民主观感知维度

六个城市中，仅有台北在城市市民主观感知方面有相关的议题。台北倡导提升市民数位生活应用，建设网路化社区以强化市民的参与，并落实到基层服务中，认为市民参与的满意度是重要的考量标准，并建设民意回复的数据库，让市民能主观上感到政府的用心，赢得市民信赖和肯定。

六、智慧城市软环境建设

内地各市都在规划中强调加强统筹规划、规范管理，在标准建设、引导、政策方面都更强调政府的作用。比如，深圳在智慧深圳的建设中成立了专家咨询委员会，论证相关的规划和建设项目等，并作出建议。香港也提出电子政府服务需要制定相关的规划蓝图，包括公共服务的电子化也是如此。同时，香港和台北比内地城市更注重营造城市氛围，主要包括举办相关论坛和培训等。

第四节　小结与政策建议

本章在借鉴国内外有关智慧城市的研究成果基础上，从中国智慧城市规划建设的规划文本和空间分布的视角分析中国智慧城市建设的现状，得到的主要结论如下：

第一，目前中国内地智慧城市建设已从理论导入阶段进入实质推进阶段。一线城市发展基础相对较好，注重需求和应用，瞄准了城市信息化的高级阶段，注重智慧城市对城市治理的重要作用，进而摆脱传统建设模式的弊端。二线城市强调产业的作用，以产业促进智慧城市的建设，侧重点主要还是在智慧城市对经济建设方面的影响。三线城市的发展基础相对薄弱，所以要根据自身的优势来建设和发展产业，在加强基础设施建设的同时要注重依托邻近的一、二线城市，实现协调发展。

第二，与港台地区相比，“北上广深”四个内地城市的建设目标都倾向于通过信息基础设施的建设推动城市的发展，以及产业的升级和转型，在市民的参与和需求方面就显得有些不足，可以借鉴港台地区的规划政策，即不仅要完善基础设施、城市公共服务等方面的建设，还要更多地强调市民的参与和需求等，这样可以更好的体现智慧城市以人为本的理念。

在对以上智慧城市规划建设比较分析的基础上，进一步提出如下几点建议：

一是要以目前的建设阶段为基础，有序推进智慧城市的各维度建设。智慧城市的内涵涉及许多方面，智慧城市也不是一日建成的。鉴于目前中国信息和通信的基础设施在全国范围内并不完善，因此在完善基础设施的方面还有较长的路要走。在推进智慧城市建设时首先要避免“大跃进”式的错误，有序、分阶段推进智慧城市建设。根据不同城市、不同阶段的目标和要求，对智慧城市建设的规划方案等作出相关的调整。

二是拓宽智慧城市的内涵和范围，要更强调以人为本。智慧城市的建设应摆脱一味地炒作和硬件建设，应把软环境建设纳入到智慧城市建设中来，提高公民参与、建立以公民需求为导向的智慧城市建设体系，更注重服务和沟通，这样也更符合当代城市建设与管理的方向。

三是根据城市自身优势，推动智慧城市建设的多样性。各地区、各城市经济发展水平不一致，人口、地理条件等都有差异，各地的建设不应该千篇一律，而应该根据自身的特色和优势，制定相应的智慧城市规划，形成合作互补机制。

第三篇 互联网与城市区域的空间重构

第八章

园区效应：软件企业的区位选择机制

由先进信息和通信技术带来的“新经济”促进了产业升级，并推动着城市和区域的持续重构进程。其中，软件产业作为城市发展知识密集型产业的重要增长点，受到政府和学界的各方关注（Tsang，2005）。一方面，作为基础性产业，软件产业大大提高了生产率，已成为经济增长不可或缺的驱动力；另一方面，作为一种新兴产业，其进入壁垒较低（Weterings，Boschma，2006），相关技术变化迅速（Dayasindhu，2002）。在中国，许多城市政府规划和设立了软件园区，吸引和扶持软件企业的入驻和成长。这些软件园区的建设对软件产业的发展及其空间组织产生了重要的影响（毕秀晶等，2011a）。

本章希望在实践层面上，揭示软件园区在产业发展和空间重组过程中所起的作用，并在理论层面上检验所谓的“园区效应”。具体分析的问题包括：软件企业是否都进入了政府所规划建设的软件园区？软件企业为何要在软件园区安家？或者说，园区的吸引力表现在哪些方面？政府的规划愿望是否得到实现，园区设施和服务的供应是否满足企业的需求？本章的研究以上海为例，在比较分析软件园区的规划布局与软件企业实际区位分布的基础上，着重探讨了软件园区的设立对产业空间布局的引导作用。并以浦东软件园为例，通过问卷调查和访谈对企业区位决策过程进行了分析。

第一节　园区效应：相关理论背景

一、企业集聚与产业集群

众多研究表明，软件企业往往在空间上集中分布（Isaksen，2006；Khomiakova，2007）。Daniels（1993）认为生产性服务业的集聚经济表现在两方面：一是城市化经济，即为了追求交通、通信设施，住房和商务楼宇，以及多元化的劳动力需求而集聚在城市内；二是地方化经济，即为了降低不确定性需要同类似的企业集聚在一起。当然，软件产业在不同发展阶段的集聚机制会存在差异（Weterings，Boschma，2006），城市化经济在产业萌芽阶段作用明显，而在产业集群成形发展阶段，更多的企业受益于地方化经济（本书第五章）。一般来说，影响软件产业集群发展的关键机制包括上下游关联（Isaksen，2004）、社会根植性（Parthasarathy，2004）、创新与研发（Isaksen，2006；Romijn，Albaladejo，2002）、区域创新系统（Chaminade，Vang，2008）、知识关联（Trippl，et al.，2009）等方面。Isaksen（2004）指出软件产业集群作为一种新兴产业与传统产业集群具有不同的特点。由于软件产业以通信设施为基础，更多地依赖具有创新性的人力资本、复杂的知识及具有时效性的信息组织生产，因而在典型区位、高级活动的区位因子、知识外溢过程、产业集群形成的主要机制等方面与传统产业集群具有一定的差异（表 8-1）。

表 8-1　传统产业集群与新兴产业集群的差异

	传统产业集群	新兴产业集群
典型例子	工业园区	知识密集型产业集群
典型产业	普通制造业	软件产业
典型区位	扩散区位模式	集中在大城市
高级活动的区位因子	具有悠久的开发历史、生产多样性产品的区域	交通节点、临近大规模市场的新兴科技开发区
重要的外部经济	集群内上下游企业间分工与合作	集群内创新与竞争的氛围
社会机构类型	具体的空间、地方性团体	具体的群体、专业性团体
知识外溢过程	产业环境	与客户及研究机构合作的创新推动
产业集群形成的主要机制	供应方影响为主，区位因素、知识溢出、创新能力及竞争力提升	需求方影响为主，与客户的密切合作

资料来源：Isaksen，2004

二、软件企业的区位因子

国外不少案例研究表明，在市场机制下，软件企业的区位选择目的是降低生产和交易成本。但不同的研究对不同区位因子的重要性排序存在差异。Moriset（2003）通过问卷调查发现，法国里昂大都市区 88%的网络软件公司认为其区位选择与接近市场的关联度并不大，其最主要的区位影响因素是：办公楼价格、交通便利程度、生活质量、临近居住区，其次是电信网络的通达性。Isaksen（2004）的奥斯陆案例研究结果表明，较多的培训机会、经常能与客户接触、与软件产业内的其他员工具有非正式交流的机会、竞争者之间的联系、靠近高校研究所等科研机构等因素是软件咨询企业区位决策的主要影响因子。Arai 等（2004）对东京电话黄页的企业进行分类整理，利用 GIS 分析技术划分软件产业集聚区，并对软件设计和应用服务企业进行了问卷调查，研究发现影响软件设计和应用服务最主要的因素依次是：上下游供应链之间的可达性、当地劳动力市场、居住环境及亲切度，而办公租金的价格是得分最少的因素。此外，其他一些研究认为，处于不同发展阶段的企业，或者不同业务类型的企业所考虑的区位因子也存在差异（Aranya，2008；Boiteux-Orain，Guillain，2004；Egan，2000；Ó hUallacháin，Leslie，2007）。

三、园区政府作用

对于发展中国家来说，政府在软件产业发展中发挥了重要的作用，企业的区位选择受其影响明显。发展中国家的高科技产业（包括软件产业）的发展，往往强调国家的作用（Parthasarathy，2004；Zhou，Tong，2003）。软件园区的设立是各国、各地区政府发挥作用的主要抓手之一。通过政策扶持，许多园区吸引了当地大量的软件企业，成为这些国家和地区软件产业的主要集聚地。例如，以色列的信息服务政策成功构造了国家园区的计算机硬件环境，为软件产业集聚创造了良好的前提条件（Breznitz，2007）。园区作为一个专门的地理区位，提供良好的基础设施，扶持和支撑高技术企业的成长（袁丰等，2010；Hu，2007）。巴拉圭的案例研究表明软件产业集群存在知识外溢（Kesidou，2008）。中国大连软件园区在打造产业集群中具有明显的竞争优势（Zhao，et al.，2009）。不少研究显示，园区内企业的产出率明显高于园区外的企业。软件园区在许多地区发展中，还被寄希望于担当孵化器的角色。但也有研究表明园区的作用并不显著，或者也存在着不少局限性。例如，Watkins-Mathys 与 Foster（2006）的研究认为中国的高科技园区缺少企业家精神。Ratinho 与 Henriques（2010）对葡萄牙的研究也表明科学园和孵化器存在局限性，众多企业追求的是与大学的联系和合适的管理，但现实好像不尽如人意。事实上，在不少城市中，自发形成的企业集聚区具有活力，而政府的作用并不明显（胥建华等，2008；虞大鹏，陈秉钊，2005）。

第二节　软件产业：研究方法与数据来源

上海的软件产业发展始于 20 世纪 80 年代，但作为一个产业真正快速发展是在“十五”期间，特别是 2002 年以后，总体规模快速增长。截至 2008 年末，上海市有效认定软件企业数量达 1514 家。其中，经营收入超亿元的软件企业 109 家，超 10 亿元的软件企业 13 家，超千人软件企业 16 家。有 29 家国家规划布局内的重点软件企业，占全国近 1/6。

本章整合多种数据来源和方法展开分析。首先，上海全市的软件企业数据主要来源于上海市信息化办公室（现为上海市经济和信息化委员会）提供的《2003年上海软件企业名录》与《2009年上海软件企业名录》，分别收录了截止到2002年末和2008年末所有经过认定的软件企业基本信息。由此建立的数据库收录的企业信息包括企业名称、地址、邮编、企业性质、成立年份、主要软件产品、企业规模、资质认证等特征数据。其中，2002年共有242家企业信息，2008年共有1514家。在数据录入过程中，我们通过网页查询等方法对个别信息缺失的企业数据进行了数据补充。利用企业的地址信息将2002年及2008年企业分别进行空间化处理，将企业地址与上海市交通矢量地图进行匹配，得到两个年份的上海市软件企业空间分布图，并利用Arcgis工具对软件企业的区位选择在邮政编码分区（下文简称邮区）层面进行空间统计分析。

其次，为了考察各级政府在推动软件产业发展中的作用，收集和整理20世纪90年代以来上海市各级政府和相关部门制定的软件产业政策，对政策导向和重点进行了梳理。

最后，2009年下半年及2010年春季，我们对上海主要的软件园区进行了走访，特别对上海浦东软件园和漕河泾高新技术开发区等作了重点调研。在调查中，对地方政府职能部门、园区管委会及重点企业的管理人员进行了访谈。为了进一步了解软件企业的办公环境，也对园区周边的基础设施和办公条件作了调查。在浦东软件园，我们对所有企业发放选址调查问卷，收集公司基本信息、公司选址浦东软件园的主要原因等信息。最终回收有效问卷62份，这些信息基于企业视角，为深入理解园区作用提供了更为完整和有力的依据。

第三节 集聚与扩散：企业的区位分布变动及其机制

一、企业区位分布的总体变动趋势

2002年，上海有232个邮区，242家软件认定企业分布在49个邮区内，其中企业数目少于5家的邮区有31个，即其余18个邮区集中了76%以上的企业。从企业数量位居前十位的邮区来看，12个邮区企业数量占企业总数的61%，即整个上海5%的地区集聚了近三分之二的企业，空间集聚现象明显（表8-2）。其中，软件企业最为密集的区域为200030和200233邮区。两者均位于徐汇区，前者是徐汇区的中心地段，企业详细地址主要位于虹桥路慧谷高科技创业园及淮海西路的申通信息广场内，企业分布比较集中，企业人数最多为 87 人，最少为 10 人，平均企业规模为 32 人。后者（200233 邮区）主要位于漕河泾新兴技术开发区，企业办公地址集中在桂平路与虹漕路，该邮区内大规模企业较多，其中 200 人以上企业有 3 家，还有 1 家接近 200 人，平均企业规模为 77 人。这两个邮区的企业均位于政府设立的科技园之中，其中漕河泾新兴技术开发区是上海市最早的高新技术产业园，而慧谷高科技创业园则是由徐汇区政府联合上海交通大学、上海市科学技术委员会组建的科技企业孵化器，其内部企业规模相对较小。此外，值得一提的是，在上海国家级软件基地——浦东软件园所处的 201203 和 201204 邮区中，经过认定的实际在此办公的企业数量并不多，仅为 16 家，但企业平均规模较大，达到 115 人。其中，全市企业人数最多的软件公司位于该区。

表 8-2　2002 年上海市软件企业分布的重点邮区

排名	邮区	企业数量	比重/%	所属区县	所辖重点地区
1	200030	27	12	徐汇	慧谷高科技创业园、申通信息广场
2	200233	19	8	徐汇	漕河泾新兴技术开发区
3	200040	14	6	静安	南京西路商务区
4	200122	14	6	浦东	陆家嘴金融贸易区
5	201203	12	5	浦东	浦东软件园
6	200001	10	4	黄浦	南京东路商务区
7	200050	9	4	长宁	—
8	200052	9	4	长宁	—
9	200120	9	4	浦东	陆家嘴软件园
10	200021	8	3	卢湾	淮海中路商务区
10	200092	8	3	杨浦	同济大学
10	200336	8	3	长宁	—

2008 年，上海有 254 个邮区，1514 家软件认定企业分布在 106 个邮区内，其中企业数目不到 10 家的邮区有 68 个，即其余 38 个邮区集中了 90%以上的企业。这 38 个邮区主要分布在浦东新区、徐汇区、黄浦区、静安区、卢湾区、长宁区、普陀区、闸北区、虹口区及杨浦区，即上海外环以内市区部分，其中，处于中心城区外围的浦东、长宁和徐汇三区的集聚度明显高于中心城区的核心区域（图 8-1）。从企业数量位居前 10 位的邮区来看，10 个邮区企业数量占企业总数的 50%，即整个上海 4%的地区集聚了近一半的企业，空间集聚程度依然很高，但比 2002 年已有所下降。张江高科浦东软件园、陆家嘴软件园、徐汇软件园、漕河泾软件园、复旦软件园等所在的邮区是企业最为集中的区域（表 8-3）。

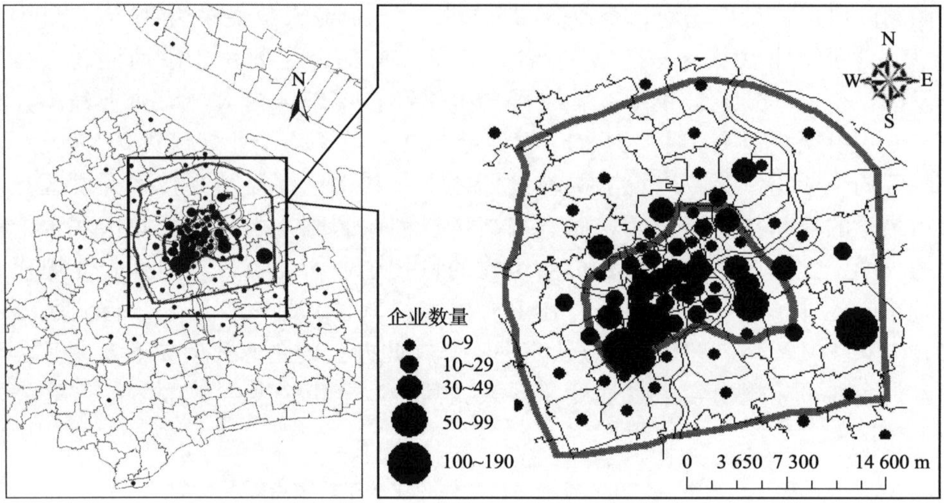

图 8-1 2008 年上海市软件企业分布（按邮区统计）

表 8-3 2008 年上海市软件企业分布的重点邮区

排名	邮区	企业数量	比重/%	所属区县	所辖重点地区
1	201203	190	13	浦东	张江高科浦东软件园
2	200233	126	8	徐汇	漕河泾软件园
3	200030	112	7	徐汇	徐汇软件园
4	200127	51	3	浦东	陆家嘴软件园
5	200235	50	3	徐汇	漕河泾软件园
6	200433	48	3	杨浦	复旦软件园
7	200120	46	3	浦东	陆家嘴软件园
8	200122	45	3	浦东	陆家嘴软件园
9	200040	43	3	静安	南京西路商务区
10	200333	41	3	普陀	天地软件园

对比 2002 年与 2008 年两个时间点的上海市软件产业空间分布格局，有几个变化值得注意。第一，根据这两年企业分布的洛仑兹曲线比较，软件企业整体上呈现出分散的趋势。第二，软件企业最集中的区域，包括邮区和区县均发生了变化，由 2002 年的徐家汇（200030）变成 2008 年的浦东软件园（201203），浦东新区也取代徐汇区成为软件企业数量最多的区。第三，从 2002 年到 2008 年，不论是前五位邮区还是前十位邮区的集中度发生明显下降，但第一位邮区的首位度有所上升。第四，从软件企业分布的整体空间结构来看，2002 年是以徐汇、长宁为核心集聚区的单中心模式，其他次中心的发育水平较为一般，而 2008 年则形成明显的双中心格局，两个核心集聚区分别位于浦东张江高科技园区（简称张江高科）及浦西徐汇漕河泾经济技术开发区所在区域。这些变化表明：在整体格局上，上海市软件企业呈现出空间扩散的趋势，但少数地区的企

业集聚程度仍在进一步加强；在具体区位上，传统中心城区的集聚度减弱，而城市郊区的软件集聚区正在崛起（毕秀晶等，2011b）。

二、产业集聚与扩散的综合机制

上海软件产业所呈现的空间特征不是单一因素的影响结果，而是各要素之间相互作用的综合反映，包含了来自企业自身、市场及政府等多个方面的综合作用力量（图 8-2）。

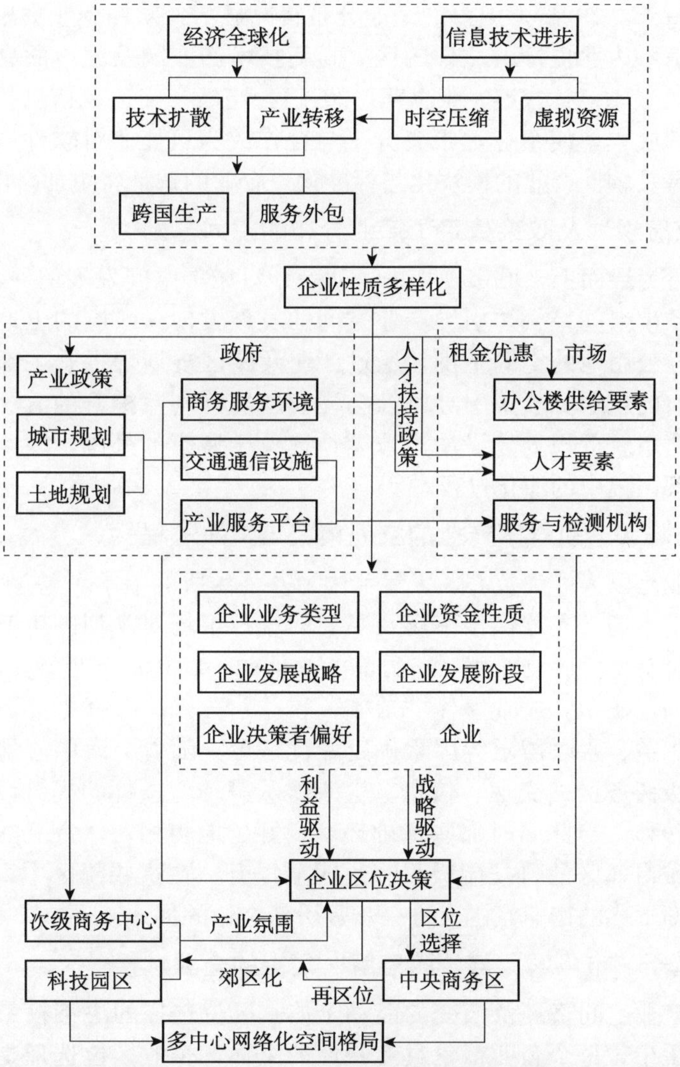

图 8-2　上海软件产业空间演变的动力机制

（一）交通和通信技术的发展是产业空间扩散的重要前提

软件产业所需的技术、信息及其产品具有轻型、无形的特征，较少依靠传统交通工具进行远距离运输，其产品与服务也不是必须通过面对面实现，而主要依赖于现代通信和网络设备。但合作企业之间、企业与客户之间的业务联系还部分依赖于员工之间面对面交流，如软件产品的调试等工序经常需要合同双方部分员工的交流，因此这就对地区的客运交通网络提出了较高的要求，包括市内交通，也包括对外交通。市内交通枢纽（如靠近地铁线路枢纽或主干道交叉口），与机场、与高速路口的可达性较高的区域是对高新技术企业最具吸引力的区位（Aranya，2008）。上海的企业分布状况显示，软件企业集聚较高的区域均是交通通信可达性良好的软件园区、高新技术产业园及城市的副中心地区等（毕秀晶等，2011b；林善浪，张惠萍，2011）。当然，交通及信息技术革新压缩了时间与空间成本，使企业远距离分工与合作成为可能。对软件产业而言，随着技术的发展及软件产业的模块化与标准化，企业的选址将更加自由。

（二）政府规划及政策奠定了产业分布的空间基础

在政府行为层面上，城市规划本身就是针对城市空间发展的一项调控政策，直接作用于城市空间结构，引导产业空间的发展方向。政府的土地利用规划限定了居住、办公用地的空间范围，通过产业及园区规划等提升了部分区域的区位优势。政府的规划及政策引导以社会环境与经济利益提升的方式引导企业集中发展。上海市新近规划建设的产业园往往位于城市的外围，因此促进了产业空间向城市郊区集中的演化过程。

（三）市场调节引导了产业的空间集聚与扩散进程

软件企业是以人才为核心、以写字楼为办公场所的追求利益最大化的个体。办公楼的供给市场、人才供给市场及主要的客户市场对类似的生产服务业企业的选址过程具有重要影响作用（毕秀晶，李仙德，2010；宁越敏，2000）。在既定的办公空间基础上，企业基于“成本—收益”分析综合考虑办公租金、优惠政策、集聚利益、人才需求等因素确定最优区位。随着上海中心地段租金的上涨和城市次级商务区的交通、信息、生活娱乐等环境条件的提升，部分企业向次级商务区转移，与此同时那些基础环境良好、地租相对便宜、能够享受政策补贴的位于城市郊区的科技园吸引力也明显提升。在这些园区中，随着同类企业集中所逐渐形成的产业氛围又进一步吸引新企业的加入。

（四）基于“市场解”与“政府解”之上的企业选择

企业是产业空间格局及演变的能动个体，区位选择的决策权最终在每个企业的经营者手中。每个企业都是具有特性的个体，企业区位选择是在信息不完全对称条件下“市场解”与“政府解”的统一。产业空间的形成是“市场解”

与“规划解”的统一（袁丰等，2010），但企业性质、企业战略、企业文化等差异会导致每个企业个体得出的“区位解”有所不同。伴随着上海软件产业的发展，企业之间的分工合作加深，不同类型的企业呈现出不同的区位需求（毕秀晶等，2011b）。

第四节　政策空间聚焦：园区在企业区位选择中的作用

一、园区布局与企业集聚状况

（一）软件园区的设立

20 世纪 90 年代，上海市先后成立了浦东软件园、科技京城软件产业基地（简称科技京城）、交大徐汇软件园 3 个市级软件产业基地。2000 年之后，复旦软件园、陆家嘴软件园、漕河泾软件园等另外 5 个市级软件产业基地相继成立。在这些市级软件产业基地的基础之上，2000 年成立了上海软件园，作为科技部认定的国家火炬计划软件产业基地，同时也是国家六大软件出口基地之一（其他 5 家分别为北京、大连、深圳、天津和西安）。上海软件园是一个虚拟园，不设边界，总体布局为一园三区，即由浦东软件园区、复旦软件园区、漕河泾软件园区组成，集中各园区的优势，联合周围大学和社会科研机构，辐射周边区域。这些软件产业基地通过提供相应的平台设施、配套服务及优惠的产业政策吸引软件企业入驻，但不同园区的产业政策、功能定位也具有不同程度的差异（表 8-4）。

表 8-4　上海市国家级与市级软件产业基地

园区名称	成立年份	所在区县	面积/万 m^2	入驻企业
浦东软件园	1992	浦东	174	201
科技京城	1998	黄浦	10	2277
交大徐汇软件园	1999	徐汇	6.65	141
复旦软件园	2000	杨浦	15	365
陆家嘴软件园	2001	浦东	55	180
长宁信息园	2002	长宁	50	150
漕河泾软件园	2003	徐汇	2.5	60
天地软件园	2004	普陀	11	70

资料来源：各软件园网站，2009 年 9 月收集

（二）园区布局状况

上海的软件园的地理位置呈现以下特点。①从总体区位来看，8 个市级园区

均位于外环以内的市区，1个位于核心区（科技京城位于黄浦区），7个位于中心城外围区。这些软件园区中，一部分位于上海的中央商务区（CBD）或副中心（sub-CBD），如科技京城位于上海市传统CBD区域，交大徐汇软件园、复旦软件园、陆家嘴软件园分别位于徐家汇、五角场、陆家嘴附近。另一部分软件园则依托经济技术开发区或科技园，作为科技园区或开发区的一部分。例如，浦东软件园依托张江高科，漕河泾软件园依托漕河泾经济技术开发区，长宁信息园依托虹桥经济技术开发区。②从交通条件来看，软件园区均处于交通枢纽等交通条件优越的区域。例如，长宁信息园地处虹桥交通枢纽附近，集轨道、公交、快速、高速、机场等多种交通方式为一体，内外联系便捷；交大徐汇软件园地处徐家汇商业中心和交通枢纽。③从周边环境来看，软件园区均充分利用了周边良好条件，如高校、研究所、人才市场、市级信息服务业平台等支撑条件。例如，交大徐汇软件园以上海交通大学软件学院为依托，以网络游戏开发、嵌入式软件及服务外包业务为主要发展方向。长宁信息园依托附近的中国科学院上海微系统与信息技术研究所、华东师范大学软件学院、东华大学等高校和科研机构的人才和技术优势，联合部市合作的上海市宽带技术及应用工程研究中心、市职业培训指导中心建立的“数字化公共实训基地”及长宁区建立的信息服务平台，构成强有力的产业支撑。而像浦东软件园、漕河泾软件园等则依托所在的经济技术开发区或科技园区，充分利用园区内知识产权保护、园区优惠政策、优越的基础设施等优势。④从园区布局的主导力量来看，“政府主导”非常突出，各园区的运作模式基本都是“政府主导，企业运作”。市政府及软件园区所在的区政府对软件园区的建设都非常重视。⑤从产业布局集中程度来看，各软件园都遵循产业集聚（集群）布局原则，以软件开发产业为核心，辅以其他相关产业，完善软件产业链（胥建华等，2008）。

（三）企业在园区的集聚状况

比较上海软件产业的空间布局与软件企业的实际分布格局，可以发现以下特征。一方面，产业空间规划在一定程度上引导了企业区位选择，软件园所在的区域正是软件企业集聚的区域。如表8-3所示，浦东软件园、陆家嘴软件园、漕河泾软件园、徐汇软件园、复旦软件园中各邮区内软件企业集中程度位居前列。此外，天地软件园、长宁信息园、科技京城也集聚了大量的软件企业。可以说，软件园区的设立，配套支撑系统的提供，对软件企业的区位选址起到了明显的影响作用。另一方面，在中心城区，软件园区以外的区域同样存在着企业集中区域，尤其是在内环线附近。例如，200050邮区（中山公园商务区）、200070邮区（闸北区不夜城）和200041邮区（南京西路）等城市次级商务中心区的办公楼内集聚了大量的软件企业。此外，华东师范大学、东华大学附近的200052、200063邮区软件企业数量也都很大。因此，整体看来，沿上海市内环线附近的邮区，以及内环线以内的部分邮区，尤其城市 CBD 和 sub-CBD 区域及交通枢纽、高新科研院所附近都集聚了大量的软件企业，形成了不同规模的软件企业集聚区。但可以肯定的是，在政府规划为软件园区的地区确实成为了该区域软件企业的集聚高地，政府对引导企业的集中发展起到了促进作用。

二、园区对企业的吸引机制

（一）区位优势

软件园区的建成提升了基础条件，改变了区域内优势区位的分布格局。政府通过产业战略规划、产业扶持政策等措施，实行政策聚焦，加大各区产业发展基础设施的投入，同时通过财政拨款、转移支付等手段支持区内软件园区的基础建设。尤其在交通和通信基础设施建设上，各个园区的发展得到各级政府的大力支持。例如，上海市将上海互联网络交换中心（SHNAP）布局在漕河泾，为园区企业接入互联网络提供便利。漕河泾作为目前网络系统的主交换节点，承载了上海全市绝大部分网络运营商的接入服务，并且是交换平台的网络管理中心。此外，大部分园区均处于交通枢纽等交通条件优越的区域。在政府扶持下，园区与城市的购物中心、居住中心、机场车站等的联系网络日趋完备。从整个市域范围来看，一些新的更加适合软件产业发展的新区位正逐步形成。

（二）政策倾斜

上海软件产业的集聚空间分布受到政府政策和规划的影响，主要是政府战略规划、产业政策及园区规划，其中产业政策又包括国家层面政策、省市层面政策、区县层面政策及园区政策。上海市自 2000 年以来颁布《关于本市鼓励软件产业和集成电路产业发展的若干政策规定》、《上海市软件著作权登记费资助办法》等软件产业政策，营造了良好的政策环境。软件园区的成立对于产业政策的落实起到了很好的推动作用，软件园多实行“一站式”服务，政府部门在园区内设立办事处，方便园区企业各种事务的办理，减少企业与政府之间的交易成本。各区县主要依托软件园、科技园区鼓励软件产业向园区集中，并颁布相关政策予以支持。例如，长宁区、普陀区、杨浦区等都规定，经认定的科技园区，其入驻企业实现的相关营业收入、增加值形成的区实得部分的 50%，由财政安排专项资金用于园区建设和企业扶持。在科技园区内新注册的经认定的企业，在享受国家、上海市政策优惠之外，自获利年度起三年内实现的相关利润总额形成的区实得部分，由区财政安排专项资金给予扶持，之后三年，给予减半扶持。

各级软件园区的设立在一定程度上降低了企业的成本，提升了该园区对企业的市场吸引力。从办公成本来看，写字楼租金是软件企业重要的成本之一。在各级政府产业政策、软件园区政策的引导下，入园企业的办公成本相比园区外围同区位地段的办公成本来说明显偏低（图 8-3）。部分园区也相应地对入园企业的员工住房提供优惠政策。例如，张江高科对其园区内符合条件的人才租赁人才公寓，每人每月补贴 200 元。而在乐山软件园、天山创意软件园等创意园区内的软件企业，其土地使用费基本是按照工业用地使用费计算，极大地降低了办公成本。除办公成本以外，园区内的企业在人才引进、培训等方面也能够享受到一定的优惠政策，如漕河泾软件园会提供 30%的补贴。综合来看，园区的成立使企业以更低的成本享受同等或者更好的区位优势及基础设施服务成为可能。

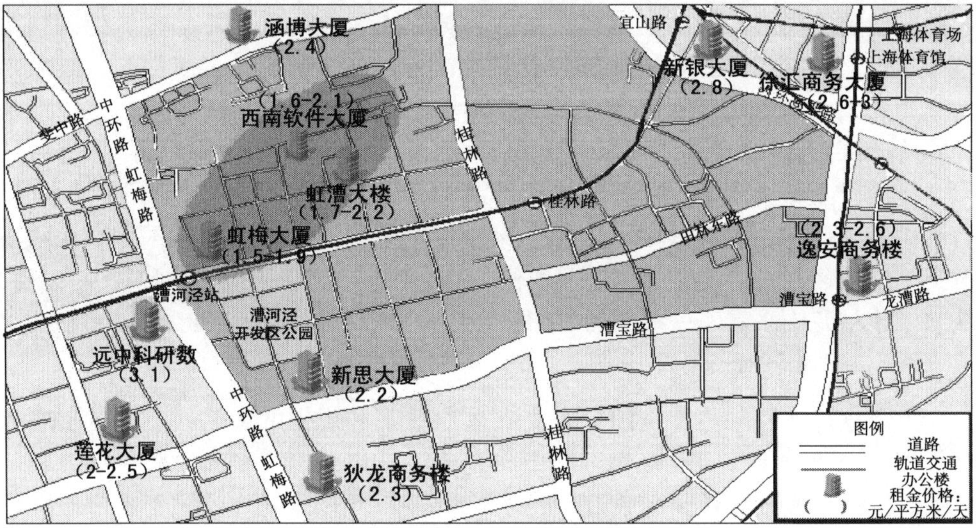

图 8-3　漕河泾软件园及其周边区域的办公楼租金

（三）配套服务

随着园区内企业不断集聚，产业链日益完善，人才招聘、职业培训等公共配套服务功能日益提升，园区的集聚效益开始显现。例如，浦东软件园的规划实施，使其信息通信质量、软件技术及检测服务等基础与专业服务都处于全国领先地位。又如，漕河泾软件园是上海地区电信和网络信息资源最富有的区域，在其独立为漕河泾经济技术开发区的一个分园之后，园区铺设了高速光纤网，新建视频会议中心和远程教育系统，为数码园区的建设提供更为完善的配套服务。事实上，在软件园的配套服务建设中，政府也起到了关键性的引导作用。例如，浦东新区以参与投资、补贴等形式鼓励企事业单位投资、建设、运营公共需求较大的经营性平台。经认定的平台，由浦东新区科技发展基金每年按核定平台服务累计金额的10%给予一次性补贴，对于非经营性平台，最高补助80万元。

第五节 供给与需求：上海浦东软件园案例研究

为进一步考察软件园对企业区位选择的引导作用，本节选取了具有代表性的上海浦东软件园展开案例研究，通过问卷调查和访谈等方法对园区内企业的区位决策机制进行分析。在过去十余年期间，浦东软件园区内入驻企业数量、就业人数、产值规模及上缴税收均持续快速增长。截至2010年年底，园区共有注册企业1086家，入驻企业476家，从业人员2.5万人。2010年园区实现经营总收入257亿元，上缴税收16亿元。福布斯全球软件企业前20强有4家在这里设立了研发中心，通过上海市软件企业和高新技术企业认定的有100余家。

一、园区服务的供给

（一）日益强化的区位优势

浦东软件园位于上海浦东新区张江高科技园区内。园内北面的龙东大道是连接内环线和浦东国际机场的重要通道，西面的罗南大道是连接内环线和外环线主干道路，交通非常便利。事实上，与上海其他软件园区相比，浦东软件园的产业发展环境十分优越，在政策环境、交通通信设施、技术支撑体系等方面具有明显的竞争优势，但在开发早期，商务环境相对于处于劣势（宁越敏等，2003）。例如，上海市软件企业集中的另一重点区域邻近徐家汇，徐家汇是上海的副中心，商业发达、生活消费便利，而浦东软件园周边商务配套设施较差。因此，众多软件企业注册在浦东，但去其他临近成熟商圈的地点办公。而近几年，随着陆家嘴、花木等商务中心的崛起，以及一些重点中学等教育机构搬迁至浦东，浦东新区的商务环境、居住环境、教育环境等的竞争力提升，浦东对软件企业的吸引力增强，选址浦东办公的企业不断增多。

（二）“聚焦张江”政策

上海浦东软件园是国家软件产业基地、国家软件出口基地，软件园坐落在上海浦东张江高科技园区之内，在享受国家、上海市及浦东新区关于软件产业的政策外，在财税政策、人才引进政策、科技基金申报等方面还享有进一步的优惠政策。上海市“聚焦张江”政策和“一手抓好软件园的建设，一手抓好浦东软件产业的总体发展”的思路，为软件基地建设和软件产业的发展创造了良好的政策氛围。在财税政策方面，入园企业在享受国家、市、区政策的同时，对于符合《张江高科技园区财政扶持经济发展的暂行办法》、《张江高科技园区“十一五”期间扶持软件产业发展的实施办法》规定的企业进行税收、科研及规模扩大等方面的补贴。在人才引进方面，对软件类企业中年收入20万元人民币以上（含20万）的高级管理人员和技术骨干，个人所得中的工资薪金和劳务所得形成功能区地方财力部分给予100%补贴；对上述人员个人所得中来源于其所在企业的股权、期权、知识产权成果所得形成功能区域地方财力部分每年给予50%补贴。此外，在科技基金、知识产权保护、企业设立等各方面都设有张江高科技园区的专项基金及补贴办法，为企业的发展营造了更为优惠的政策环境。按照《张江园区人才公寓管理暂行办法》（2006年），对符合规定条件的软件人才两年内给予每人每月200元补贴。

（三）完善的服务平台

园区的建设与管理委托上海浦东软件园股份有限公司经营运作。浦东软件园有限公司秉承市场化运作模式，为园区企业及员工提供全方位、多层次的配套服务。浦东软件园区的公共服务涉及技术支持与网络通信、人才培养与人才交流、营运咨询与商务推广、企业孵化与投融资、生活配套与基础保障五大板块。服务体系和支撑体系功能逐步完善，显示了政府在产业发展中的主导作用。浦东软件园的软件技术平台服务是园区的特色专业服务，尤其是软件测评服务，拥有中国软件测评中心上海分中心。此外，信息和通信中心、开放实验中心和技术增值服务平台等技术服务也在园区得到广泛应用。浦东软件园的人力资源服务也是园区的特色服务之一，服务于浦东软件园的人才培训体系已逐步完善。一方面浦东软件园可以从上海市三个层次的软件人才培训体系中获取人力资源服务；另一方面，浦东软件园还建有自己的培训中心，围绕服务入园企业这一中心任务，开展入园企业所需要的一系列培训工作。此外，同济大学软件学院已在2002年落户浦东的陆家嘴软件分园，开设软件工程专业硕士研究生班，并为浦东软件园培养园区企业技术人员，开展非学历教育。同时，复旦大学软件学院和微电子研究院也落户浦东张江，进一步完善了浦东的软件人才培训体系。

二、园区服务的需求

（一）企业对配套服务的需求

根据对浦东软件园企业的问卷调查结果（表8-5），园区对企业的吸引力主要体现在园区的基础生活配套服务和政府优惠政策的咨询及代理服务，其余服务的重要性评价由高到低依次为市场推广服务、财务与法律咨询服务、人才招聘与培训服务，以及软件测评服务。

表 8-5 软件企业对软件园提供不同服务的重要性评价

类型		样本企业数/家	基础生活配套服务	政府优惠政策的咨询及代理服务	市场推广服务	财务与法律咨询服务	人才招聘与培训服务	软件评测服务
所有企业		62	3.5	3.4	2.9	2.4	2.2	2.1
企业规模	200 人以上	4	3.5	4.0	2.3	2.3	2.3	1.8
	51～200 人	9	4.0	3.6	3.1	2.8	2.9	2.8
	11～50 人	34	3.5	3.2	2.9	2.4	2.2	2.1
	10 人及以下	15	3.3	3.3	3.0	2.0	1.9	1.7
企业性质	外商独资	22	3.6	3.5	2.3	2.3	2.0	1.7
	中外合资	5	3.6	4.0	2.8	2.8	2.2	2.0
	民营	16	3.6	3.5	3.4	2.4	2.7	2.6
	国有	3	4.0	3.3	4.0	2.7	2.7	3.3
企业产品类型	软件咨询、服务	6	3.5	3.3	3.5	2.7	2.5	2.0
	软件开发	35	3.5	3.3	2.8	2.4	2.3	2.3
	系统集成	3	4.0	4.0	3.0	4.0	3.3	2.0
	ITO	15	3.8	3.5	2.9	2.5	2.3	1.7

注：在本调查中，软件园提供的服务重要性被分为四个等级：非常重要、重要、一般、不重要，并分别赋予相应的分值：4 分、3 分、2 分、1 分，表中数值为企业对该项服务重要性的平均值

进一步，调查还从三方面比较了不同类型企业的评价结果差异。首先，从企业规模来看，较小的企业对于园区提供的市场推广服务比较感兴趣，而大型企业对此评价不高，但对政策服务和生活配套设施的评分较高。对大型企业来说，一方面降低与政府之间的交易成本显得比较重要，另一方面希望园区能够提供优越的生活环境及配套服务使企业能够吸引人才、留住人才。其次，不同性质的企业评价结果也存在一定的差异。外资背景的企业重视生活配套服务和政策服务，而对其他市场性较强的服务评价明显较低。对外商独资企业来说，这一特点更加明显。而国内企业对于园区提供的服务评价均较高，尤其是国有企业认为市场推广和软件测评等服务都很重要，体现国有企业发展对园区具有更强的依赖性。第三，对不同产品和服务类型的企业来说，服务外包类企业更加强调的是园区环境、基础配套设施及园区的政策服务和软件测评服务；软件咨询服务类企业，很大一部分是受产业集群的吸引而落户浦东软件园区，因而对于的市场推广服务评分最高；而一般的应用软件开发、嵌入式软件开发及系统集成类型的企业对各项因子的评分相差不多，主要集中在政策服务、基础设施配套、软件测评等。

（二）企业对配套政策的需求

调查还统计了企业对园区配套政策的需求（图 8-4）。结果显示大部分企业

更看重降低企业的经济成本，希望从园区直接获得经济上的优惠和补助。最明显的是，近 90%的企业选择了“办公用房租金优惠”，借此降低企业的经营成本。在开发区的运行过程中，园区行使和充当了政府的角色。

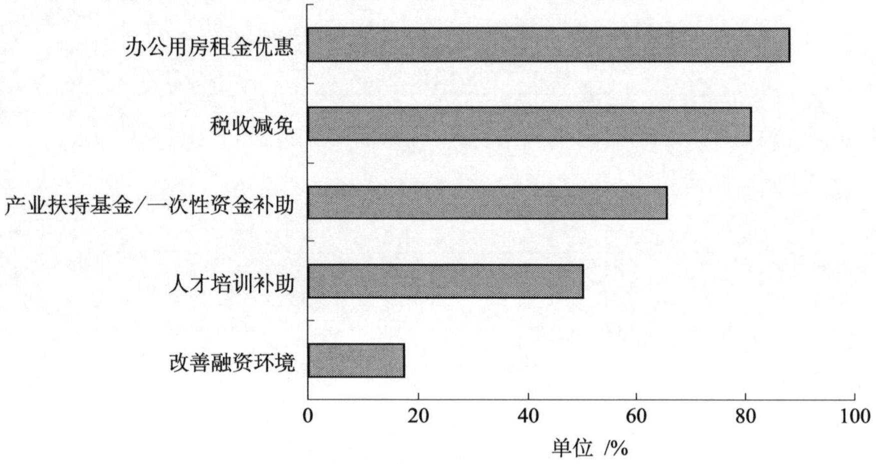

图 8-4 软件企业对优惠政策需求的排序

第六节 小 结

软件产业是当前中国各地发展“新经济”的主要部门，也是各级政府重点扶持的新兴产业。本章以上海为例，在分析软件企业区位分布的基础上，探讨了软件园区的设立对产业空间布局的引导作用。通过研究发现：上海市软件企业在整体上呈现出空间扩散的趋势，但少数地区的企业集聚程度仍在进一步加强。从企业分布区位来看，传统中心城区的集聚度减弱，而城市郊区的软件集聚区正在崛起。上海软件产业所呈现的空间特征不是单一因素的影响结果，而是各要素之间相互作用的综合反映，包含了来自企业自身、市场及政府等多个方面的综合作用力量。

政府规划及政策在软件产业集聚区的形成过程中起到了非常重要的作用。比较软件园区的布局与企业的分布格局，可以发现软件园区的规划和建设，明显影响了软件企业的区位选址，促使软件园及其邻近地区成为软件企业的主要集聚区域。软件园区作为政府作用的主要载体，从批准到投资到开发建设等一系列过程中都有政府的扶持与引导。当前上海正在建设的几个软件产业基地，都充分利用区位和资源优势，结合交通基础设施枢纽，突出集聚区辐射作用，并结合行政区划的划分，确保软件园区建设有效实施。其区位选址充分考虑了软件产业的自身特性，软件园区的配套服务及相应的政策扶持和优惠措施也进一步影响了企业的区位选择，从而较为成功的集聚了大批软件企业。

从供需角度来看，园区的设立直接为企业提供了各种优惠政策和配套，从而降低了企业的生产成本。伴随着经济制度的转型，以分税制为核心的分权化使地方政府成为独立的利益主体，加剧了地方政府之间的竞争，一些创新成果较多、纳税较多的大型企业往往成为地方政府的争夺对象。各级政府通过开发区创造各种优惠措施吸引及留住企业，但同时又往往忽略了园区作为企业和创新的孵化器功能。在引导软件园区向产业集群转变的过程中，健全行业中介组织，加强企业之间的关联，应该是当前园区建设的重要内容。这也是我们未来需要进一步研究的重要方向。

第九章
网上购物对城市零售业空间的影响

有关先进信息和通信技术影响下的城市和区域空间重构研究，是当前国际城市地理与规划研究的热点（Audirac，Fitzgerald，2003）。特别是伴随着互联网技术的普及，基于网络平台发生的各种经济活动已经渗透到了城市居民的工作和生活之中。近几年，中国网络购物市场规模飞速膨胀，对传统零售业产生了显著冲击。艾瑞咨询的统计数据显示，2012 年中国网络购物市场交易规模已达到 13040.0 亿元，较上一年增长 66.2%，网络交易规模占社会消费品零售总额的比重已从 2010 年的 3.2%增至 2012 年的 6.2%①。事实上，零售业发展历史久远，业态层出不穷，但每种新业态的出现都有其历史必然性，同时也必然会对已有的零售业空间产生一定的影响（张水清，2002）。就是在各种业态的兴起和淘汰过程中，城市的零售业空间得到不断的演进（陈秀欣，冯健，2009；管驰明，崔功豪，2003；何丹，谭会慧，2010）。

网上购物是借助网络实现商品或服务从卖家（商家）转移到个人用户（消费者）的过程②。在整个过程中产生资金流、物流和信息流，其中任何一个环节有网络的参与，都可称为网上购物。作为一种新的快速普及的零售业态，其发展也必将对传统零售业空间带来深刻的影响。深入研究网上购物行为的空间效应，有助于我们把握城市零售业未来的发展方向，以及理解信息时代的城市空间变化趋势。本章以中国网上购物市场规模较大的城市上海为例，调查居住在城市不同区位的消费者的网上购物行为及其与传统购物出行之间的相互关系，并且比较网上购物对不同规模的传统书店产生的影响效应，以期从一个侧面理解在新的技术环境中传统零售业空间演化的趋势。

---

① 艾瑞咨询．2013. 2012 年中国网络购物市场交易规模超 1.3 万亿．http：//ec. iresearch. cn/shopping/20130125/192011. shtml［2013-01-25］。

② 我们通常讲的电子商务是指发生在开放网络上的包含企业之间（B2B）、企业与消费者之间（B2C）和消费者与消费者之间（C2C）的商业交易。本章所研究的网上购物主要是指电子商务中的 B2C 部分，即网上零售业。

第一节 网上购物对城市空间的影响

地理空间因素在传统零售业的发展中一直起着关键性的作用，新兴的电子商务也不例外（韩钰等，2011；汪明峰，卢姗，2009）。无论是解释消费者如何接受网上购物，还是分析新的购物方式如何影响传统商业，空间要素都不可忽视。从已有研究来看，还没有足够的证据能够表明网上购物将会完全取代传统市场，学者们对一些相关议题均存在着较大的争议。

一、网上购物如何发生？技术扩散还是效率优先

不同地区网上购物发展水平的差异主要取决于各地技术水平和购物可达性，因此引申出两种假设（Anderson，et al.，2003；Farag，et al.，2006）。一种是技术扩散假说（innovation-diffusion hypothesis），即网上购物是一种城市现象，因为技术革新往往从市中心开始。城市里的消费者比较年青、受教育程度较高、收入较多、有更高的社会地位、更多地使用媒体手段，因此他们更有可能到网上购物。另一种是效率性假说（efficiency hypothesis），即当人们购物不便时，网上购物更容易发生。那些购物可达性较低的消费者（如住在乡村的居民），可以借助互联网技术获取更多种类的商品和服务，并能够节约出行时间和购物时间。还有一些学者认为这两种假说都成立，但是会因产品类型而异（Farag，et al.，2006）。

二、网上购物与传统购物出行的关系：替代还是补充

对于网上购物与传统购物两者之间的关系，人们的看法也不尽相同，概括起来有四种，分别是替代、促进、补充和独立关系（汪明峰，卢姗，2012；Mokhtarian，2002；Salomon，1986；Weltevreden，2007）。替代关系是指网上购物取代传统购物。不少研究发现人们使用网络后，购物出行的次数会减少（Bhat，et al.，2003；Cubukcu，2001）。Weltevreden（2007）则认为：短期内，网上购物不会对市中心的传统商业造成重大影响；而长期来看，网上购物在很大程度上可能替代实体零售。促进关系表现在两个方面：一是网上购物能激发消费者购物出行的欲望，提高传统购物的效率；二是传统购物为网上购物提供必要的信息，也能提高网上购物的效率（Farag，et al.，2006，2007；Hernandez, et al., 2001)。补充关系指的是网上购物作为传统购物的一种补充，会改变购物出行的出行方式、目的地和逗留时间（Farag, et al., 2006, 2007; Tacken, 1990）。独立关系则是指网上购物与传统购物两者之间没有影响。有调查表明大部分的购物者认为网上购物并没有改变他们的传统购物行为（Sim, Koi, 2002）。

此外，也有学者认为网上购物和传统购物之间的关系更为复杂，不能用单一的关系来描述（Tonn, Hemrick, 2004）。不少文献探讨了电子零售业的优势和劣势，但还较少有人注意到消费者是如何在电子购物和传统购物之间进行选择的（Farag, et al., 2007; Hsiao, 2009; Lee, Tan, 2003）。其原因之一可能是购物行为本身的复杂性。因为购物行为并不以获取商品为其单一目的，传统的商店购物往往是多目的的出行，还包括社会交往、娱乐休闲、信息采集，以及出行链（trip chaining）等（Mokhtarian, 2004; Rohm, Swaminathan, 2004），其中有些部分并不能被电子购物简单替代。因此，传统的购物出行仍然比电子购物更具竞争力。甚至有研究者认为随着店铺购物吸引力的增加，网上购物对于传统购物的影响会下降（Weltevreden, van Rietbergen, 2007）。但也有学者在比较商铺购物和电子购物之后，认为两者均无法主导对方（Mokhtarian, 2004）。

三、网上购物对城市空间的影响：更多的争议

目前关于网上购物对城市空间结构的影响研究还不多见。但也有学者注意到，城市内部不同区域特别是市中心区和郊区之间，在接受网上购物上存在差异。有研究发现市中心区网上购物的普及程度往往高于边缘地区，主要基于四方面的原因（Weltevreden, 2007）：①市中心区消费者的眼界较为开阔，易于接受新事物；②市中心区地价较高，传统商家采取多渠道战略可以降低成本；③市中心区交通便利，适合小批量货物运送；④售后服务便利。另有学者认为，郊区的电子商业发展同样快速，但城市核心地区与边缘地区的消费者采用网上购物的原因不同，而且消费者特征也有差异（Farag, et al., 2003）。还有研究认为网上购物活动的活跃度依据离市级商业中心的距离不同而不同。一项对深圳市的调查发现：位于商业中心和远离商业中心的被调查者的网上购物频率都相对较高，而处于其过渡带上的调查区却相对较低（孙智群等，2009）。

有关电子商业对城市零售业空间的影响效应，也正在被越来越多的学者所关注。一方面，较多研究是从零售商的视角，考察商家接受网上销售方式、采用不同类型互联网策略的决定因素和应用绩效，其中商家所处的区位是地理学研究探讨的重点（Anderson, et al., 2003; Dixon, Marston, 2002; Weltevreden，et al.，2005；Weltevreden，Boschma，2008b）。另一方面，对城市里的消费者来说，不同的区位也会影响他们接受网上购物的程度（孙智群等，2009；Farag，et al.，2003；Weltevreden，2007）。

第二节　网购行为调查与数据处理方法

一、研究设计与调查

为了考察网上购物对传统购物的影响效应，我们进行了针对学生网上购物情况的问卷调查。根据各类文献的研究结果，书籍是最适合在网上购买，也是消费者最常在网上购买的商品之一，而高校学生是网上购书的主体。为此，我们将问卷调查的重点设定为网上购书调查，问卷调查对象为在读高校学生。问卷分为三大部分：基本情况调查、网上购物情况调查，以及网络书店与传统书店调查。内容涉及消费者的网上购物习惯、对网上购物的看法、购书方式的选择、对不同类型书店看法的比较、传统书店距离对消费者的影响等方面。

2007 年年底至 2008 年年初，我们向上海的 HS 大学学生发放问卷 240 份，通过现场完成的形式，最终回收有效问卷 218 份，有效率达到 90.8%。为了增强调查样本的代表性和多样性，被调查的学生覆盖了从本科一年级到博士一年级 8 个级别，涉及文、理、工科 7 个系别。目前，HS 大学有两个校区分别位于上海的市区和郊区（图 9-1）。其中，位于市区的 ZB 校区靠近上海的内环线，地处繁华的中心城区，距离最近的大型商业中心约 3 公里；位于郊区的 MH 校区处于上海外环线之外，属于上海近郊新开发的区域，至市区大型商业中心的直线距离约 15 公里。本调查抽取 ZB 校区的学生作为市区消费者样本，MH 校区的学生则作为郊区消费者样本。其中，两个校区的有效样本数量均为 109 人。此外，两校区在一般步行范围内均未有较大规模的书店。

此外在本调查中，我们将传统书店按其规模分为三种类型，即大型书店、中型书店和小型书店。大型书店是指位于市级商业中心的大型书店总店，营业面积一般超过 10 000 平方米；中型书店主要是指位于区级商业中心或购物中心的书店，营业面积一般达到几百到上千平方米；小型书店主要分布在社区层面，在本调查中主要是指在大学校园内或邻近地区的小型书店或书摊，营业面积一般较小。

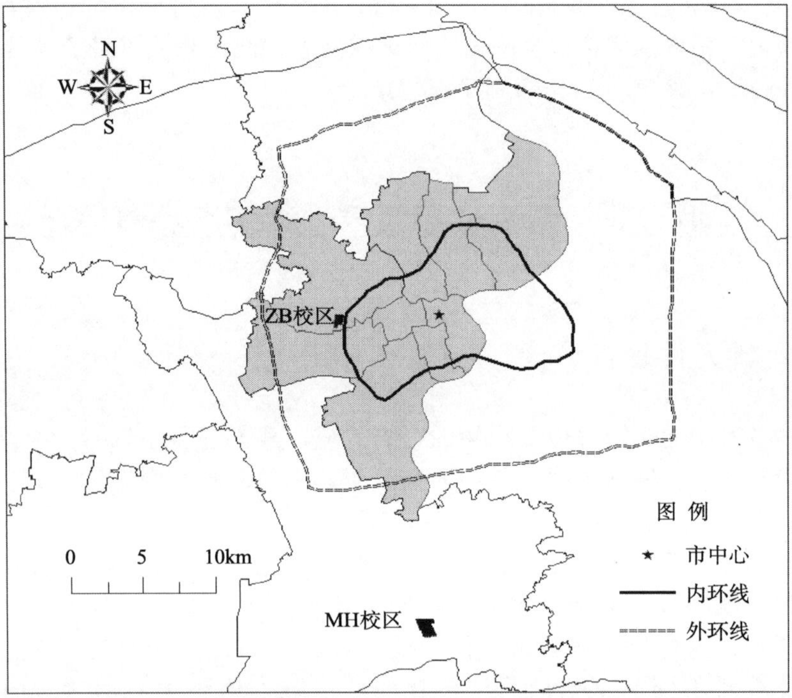

图 9-1 ZB 校区和 MH 校区在上海的区位分布

二、数据处理方法

对于调查结果，我们建立了数据库，并运用以下统计方法进行处理。

1. 交叉频数分析

通过建立由两个或两个以上变量进行交叉分类形成的二维或多维列联表，对行变量与列变量之间的关联性和差异性进行分析。交叉频数分析适用于统计两个定类变量或一个定类变量与一个定序变量。

2. 卡方检验

卡方检验能够检验列联表中行变量与列变量是否独立。卡方检验先假设行、列变量独立，然后计算每个单元格实际频数 A 与理论频数 T 差值的平方与理论频数之比的累计和。实际频数与理论频数的差距越大，说明两变量越不独立，也就越相关。

3. 对应分析

对应分析可以揭示同一变量的各个类别之间的差异，以及不同变量各个类别之间的对应关系。作为一种视觉化的数据分析方法，能够将几组看不出任何联系的数据，通过视觉上可以接受的定位图展现出来。

第三节　网上购物对不同区位消费者行为的影响

一、不同区位消费者利用网上购物的频率比较

据调查结果，有过网上购物经验的市区学生占81.7%，而郊区学生的比重为68.8%。从整体上看，市区学生的网上购物频率高于郊区学生，其差异达到显著水平（$p=0.008$）。市区消费者中，网上购物频率少于半年一次的学生占44%，多于每月一次的学生占7.3%；而郊区学生的比重则分别为36.7%和2.8%（表9-1）。

表9-1　不同区位消费者的网上购物频率

			网上购物频率				
			从不	少于半年一次	多于半年一次	多于每月一次	总和
区位	ZB校区	频数	20	48	33	8	109
		比重/%	18.3	44.0	30.3	7.3	100.0
	MH校区	频数	34	40	32	3	109
		比重/%	31.2	36.7	29.4	2.7	100.0
	总和	频数	54	88	65	11	218
		比重/%	24.8	40.4	29.8	5.0	100.0

二、不同区位消费者传统购物出行的情况比较

（一）出行距离及出行方式

经卡方检验，市区与郊区学生常去的传统书店距离不存在明显差异（$p=0.201>0.005$）（表9-2）。无论是在市区还是郊区，大部分学生都表示，在居住地附近或者往返于居住地与学校时会途经传统书店，其比重分别占市区和郊区学生的88.1%和86.2%。而在两个校区，大部分学生到最常去的传统书店的出行时间均在半个小时以内。其中，77.9%的市区学生最常去的传统书店距离在半个小时以内，郊区学生的比重则为70.7%。对于郊区学生而言，最常去的传统书店距离大于一小时的比重略高于市区学生，占被调查学生的13.8%。这说明虽然大部分郊区学生都会就近购书，但也有一部分会坐车至市区购书。

表 9-2　不同区位消费者常去的传统书店距离

区位		最常去的传统书店距离				总和
		附近，步行可达	小于半小时	半小时到一小时	大于一小时	
ZB 校区	频数	42	43	17	7	109
	比重/%	38.5	39.5	15.6	6.4	100.0
MH 校区	频数	45	32	17	15	109
	比重/%	41.3	29.3	15.6	13.8	100.0
总和	频数	87	75	34	22	218
	比重/%	39.9	34.4	15.6	10.1	100.0

（二）常去传统书店的规模及区位

从书店规模上看，ZB 校区学生最常去的书店为大型书店，其次是小型书店，而 MH 校区的学生与之相反，最常去的是小型书店，其次才是大型书店（表 9-3）。主要原因是 ZB 校区相对于 MH 校区距离大型书店较近。因此，市区与郊区消费者最常去的传统书店的规模存在差异。

表 9-3　不同区位消费者最常去的书店规模比较

区位		最常去的书店规模				总和
		网上购物	大型书店	中型书店	小型书店	
ZB 校区	频数	19	54	11	25	109
	比重/%	17.4	49.6	10.1	22.9	100.0
MH 校区	频数	6	37	21	45	109
	比重/%	5.5	33.9	19.3	41.3	100.0
总和	频数	25	91	32	70	218
	比重/%	11.5	41.7	14.7	32.1	100.0

三、网上购物对传统购物出行的影响程度比较

总体上而言，网上购物对 ZB 校区学生的传统购物行为的影响大于 MH 校区。表 9-4 显示，认为网上购物对传统购物出行造成影响的市区学生达到 82.6%，而郊区学生的这一比例为 72.5%。其中，大部分市区学生认为由于网上购物提供了商品的详细信息，从而减少了在传统商店购物逗留的时间；而大部分郊区学生则认为通过网上查询，他们对商品的价格更为了解。还有一部分学生认同网上购物会减少去传统店铺购物的次数，即网上购物影响到了消费者的传统购物出行。在这一选项上，市区学生的比重略高于郊区学生，分别为 30.3%和 24.8%。这也说明网上购物对市区学生传统购物出行的影响程度较郊区学生高。

表 9-4　不同区位的消费者认为网上购物对传统购物出行造成的影响

影响	市区						郊区					
	全部学生		网上购物者		非网上购物者		全部学生		网上购物者		非网上购物者	
	频率	比重/%	频率	比重/%	频率	比重/%	频率	比重/%	频率	比重/%	频率	比重/%
获取信息减少逗留时间	51	46.8	40	36.7	11	10.1	37	33.9	25	22.9	12	11.0
减少店铺购物次数	39	35.8	33	30.3	6	5.5	37	34.0	27	24.8	10	9.2
了解商品价格	50	45.9	39	35.8	11	10.1	47	43.1	33	30.3	14	12.8
没有影响	19	17.5	16	14.7	3	2.8	30	27.5	18	16.5	12	11.0
样本数	109		89		20		109		75		34	

在本研究中，我们将通常在传统书店购书的学生称为传统购书者，通常在网上购书的学生称为网上购书者，而在网上查询图书信息以便在传统书店购买的学生称为信息浏览者。那么从购书者类型来比较，MH 校区的传统购书者比重高于 ZB 校区，而 ZB 校区光顾网上书店的学生比重高于 MH 校区（表 9-5）。在光顾网上书店的学生中，MH 校区仅在网上书店浏览信息的学生比重高于 ZB 校区，而在网上进行购书交易的学生的比重则是 ZB 校区高于 MH 校区。因此，网上购物对市区学生传统购物行为的影响大于郊区学生。

表 9-5　不同区位消费者的类型构成

购物者		区位		总和
		ZB 校区	MH 校区	
信息浏览者	频数	27	37	64
	比重/%	24.8	33.9	29.4
网上购书者	频数	69	52	121
	比重/%	63.3	47.7	55.5
传统购书者	频数	13	20	33
	比重/%	11.9	18.3	15.1
总和	频数	109	109	218
	比重/%	100.0	100.0	100.0

另据调查，两个校区的大部分学生都认为网上书店无法替代传统书店，但市区学生对网上购书的替代前景更为看好一些。17.4%的 ZB 校区学生认为网上书店能替代传统书店，而 MH 校区这么认为的学生仅占 10.1%。

四、造成不同区位网上购物差异的主要因素

（一）配送时间和配送成本

配送时间和配送成本是影响两个校区学生网上购物的主要因素，也是导致

不同区位消费者网上购书频率不同的重要原因。由于网上购物的配送阶段是实物交付过程，配送时间决定了网上购物的效率。然而，目前上海市中环以外的配送往往存在时间长、费用高的问题。许多网上书店对市区和郊区的配送实行差额收费，而且在郊区货物的配送时间可能是市区的两倍，甚至对于郊区的部分地区，商家还不提供送货上门的服务。

比较不同校区学生对网上书店存在问题的看法可知，对于配送问题，郊区学生比市区的学生更为敏感（表 9-6）。郊区学生中有 36.70%的人认为网上书店配送时间长，而市区仅有 22.94%。认为存在配送成本高的问题，郊区学生的选择比重为 33.94%，而市区只占 18.35%。此外，也有更多的郊区学生认为书籍的送达时间不确定。如此，相对于市区而言，郊区的配送问题可能较为突出，这是造成郊区学生较少采用网上购物方式的主要原因之一。

表 9-6 不同区位消费者认为网上书店存在的问题

网上书店的问题	市区		郊区	
	频数	比重/%	频数	比重/%
服务时滞	59	54.1	51	46.8
配送时间长	25	22.9	40	36.7
送达时间不确定	50	45.9	52	47.7
配送成本高	20	18.4	37	33.9
无法看到实物	72	66.1	79	72.5
订购步骤复杂	18	16.5	23	21.1
缺货断货	39	35.8	27	24.8
换货退货不便	64	58.7	58	53.2
其他问题	3	2.8	3	2.8
总和	109		109	

（二）到传统书店的距离

到传统书店的距离也会影响网上购物手段的采用。两个校区的学生在判断传统商店的远近是否构成网上购物的原因时，具有显著差异（经卡方检验，卡方值为 5.759，$p=0.016$）。郊区学生比市区学生更多认为商店远是他们选择网上购物的原因，其比例分别是 16.0%和 9.2%。

从理论上而言，缺少去传统商店的便捷途径是导致网上购物的动力之一。但实际上由于 MH 校区学生作为一个特定的群体，可以通过校内书店和书展等获得到传统书店购书的便捷途径。这时，消费者对书店距离的忍受程度成为影响网上购物频率的因素之一。消费者能承受的传统书店的距离越短，越有可能进行网上购物。

MH 校区的学生比 ZB 校区的学生能够忍受更长的书店距离（表 9-7）。在回答“传统书店距离多远时会选择网上购书”的问题时，选择 1 小时以内的市区学生最多，占市区样本总数的 33.9%，而选择 2 小时以内的郊区学生最多，占郊区样本总数的37.6%。因此，从距离角度考虑，网上购书对市区学生传统购书行为的影响大于郊区学生。

表9-7 不同区位消费者对传统书店距离的忍受范围

区位		到传统书店的忍受距离							总和
		15分钟	30分钟	1小时	2小时	只在传统书店购书	只在网上购书	无所谓	
ZB校区	频数	5	22	37	27	16	1	1	109
	比重/%	4.6	20.2	33.9	24.8	14.7	0.9	0.9	100.0
MH校区	频数	2	9	32	41	22	3	0	109
	比重/%	1.8	8.3	29.4	37.6	20.2	2.7	0.0	100.0
总和	频数	7	31	69	68	38	4	1	218
	比重/%	3.2	14.2	31.7	31.2	17.4	1.8	0.5	100.0

第四节 网上购物对城市零售业空间的影响

一、不同类型书店的优势比较

（一）不同规模传统书店的比较优势

表9-8和表9-9列出了学生对各种规模级别书店比较优势的看法，频数表示？比重表示针对每种类型的书店选择某一优点的学生的比重，比重越高说明该类型的书店在这方面的比较优势越明显。调查结果显示，翻阅书籍是三种类型的书店共有的优势。大型书店的显著优势是拥有种类齐全的书籍，包括大量的专业书籍，而且书店环境优美，能给读者带来较大的购书乐趣，但是相对距离较远。小型书店最明显的优势是距离近，图书价格相对便宜，但是图书种类相对较少。中型书店在各选项上的比重相对较平均，不具有明显的优势。相比较而言，中型书店的优势在于距离近，书店环境优美，但是从另一方面而言，其距离不如小型书店近，环境也不如大型书店优美。中型书店的缺点在于图书价格相对较贵，而价格因素往往是消费者考虑购书方式的主要因素。

表9-8 不同规模传统书店的比较优势

	大型书店		中型书店		小型书店	
	频数	比重/%	频数	比重/%	频数	比重/%
种类齐全	173	26.3	44	10.4	10	2.3
价格便宜	35	5.3	21	5.0	104	24.3
环境优美	122	18.5	62	14.7	21	4.9

续表

	大型书店		中型书店		小型书店	
	频数	比重/%	频数	比重/%	频数	比重/%
交互服务	44	6.7	44	10.4	41	9.6
距离近	13	1.9	107	25.3	149	34.8
翻阅书籍	147	22.3	98	23.2	56	13.1
专业稀缺	80	12.1	24	5.7	32	7.5
书目查询	45	6.8	23	5.4	15	3.5
合计	659	100.0	423	100.0	428	100.0

表 9-9 不同规模传统书店的优缺点比较

书店类型	比较优势	比较劣势
大型书店	图书种类齐全、翻阅书籍、书店环境优美	距离较远
中型书店	距离近、翻阅书籍、书店环境优美	价格相对较贵
小型书店	距离近、价格便宜、翻阅书籍	图书种类少

将学生最常选用的购书方式与影响购书方式的因素作对应分析后可知（图 9-2），第一维度的解释能力已达 82%，最常去大型书店购书的学生往往比较看重书店的购书环境；最常去小型书店购书的学生最看重书店的便捷性；选择中型书店作为最常光顾的购书地点的学生在选择影响购书方式的因素时，没有明显的共性。使用网上购书方式的学生，认为购书所花费的时间及图书的价格是他们考虑的最主要因素。

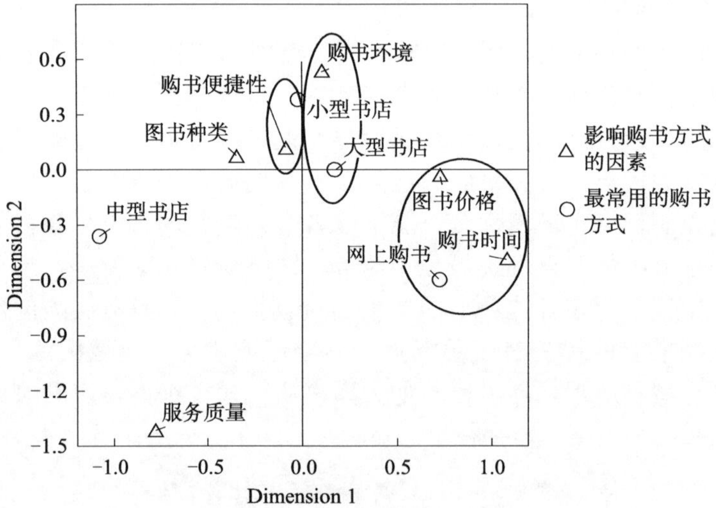

图 9-2 常去书店类型与影响购书方式因素的对应分析

从表 9-10 可知，学生在网上购买的主要是小说和专业课外读物，因为小说不需要翻阅整本书，而网上提供的专业课外读物的种类较传统书店齐全，又可以提供便捷的查询服务。在大型书店购买专业课外读物和教材的学生比重最高，分别占 25.9%和 21.4%，因为大型书店所提供的专业课外读物和教材的种类较其他类型书店丰富。在中型书店购买考试辅导书和小说的学生最多，分别占 26.9%和 20.8%。大部分学生在小型书店购买考试辅导书和教材，分别占了学生总数的 28.0%和 18.1%，因为小型书店往往就在校内或学校附近，可提供大量与学习相关的书籍。由此可见，学生在购买不同种类的图书时，会选择不同类型的书店。购买教材类书籍主要去大型或小型书店；购买考试辅导书主要去小型或中型书店；购买专业课外读物主要去大型书店或网上购买；购买小说主要去网上书店或中型书店；而生活百科类书籍和杂志则可能在各种类型书店中购买。因此，网上购物最有可能抢占中型书店和大型书店的部分市场份额。

表 9-10　学生在各类型书店购买的书籍种类比较

书籍种类	网络书店		大型书店		中型书店		小型书店	
	频数	比重/%	频数	比重/%	频数	比重/%	频数	比重/%
教材	54	16.5	100	21.4	50	17.7	75	18.1
考试辅导书	42	12.8	72	15.4	76	26.9	116	28.0
专业课外读物	73	22.3	121	25.9	44	15.5	66	15.9
小说	89	27.2	79	16.9	59	20.8	64	15.5
生活百科类书籍	50	15.3	76	16.3	44	15.5	54	13.0
杂志	19	5.8	19	4.1	10	3.5	39	9.4
合计	327	100.0	467	100.0	283	100.0	414	100.0

通过将学生常去的书店类型与常去的传统书店距离进行对应分析（图 9-3），

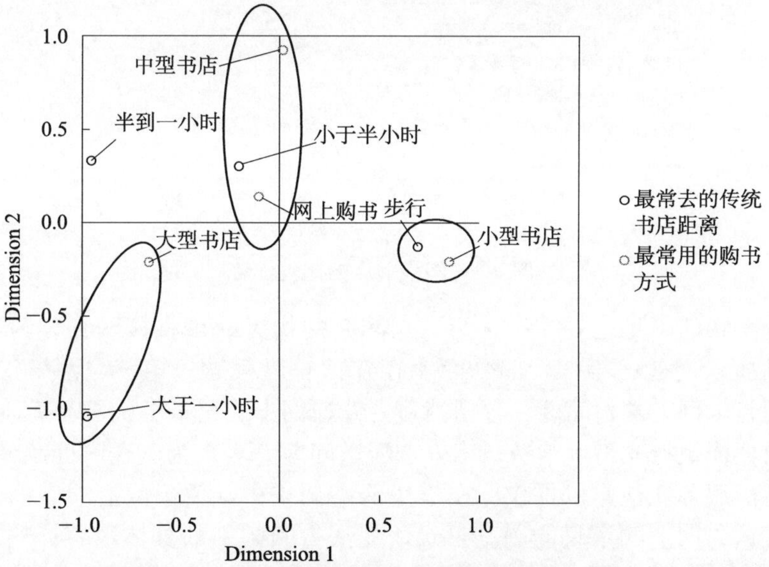

图 9-3　常去书店类型与常去书店距离的对应分析

可知小型书店的距离一般就在学生住地附近，步行可达。中型书店一般稍有距离，不超过半小时路程。大型书店一般稍有距离或较远，半小时内到一小时内甚至超过一小时都有可能。因此，传统书店的平均距离随店铺规模的增加而递增。

（二）网络书店的比较优势

与传统购物相比，网上购物有许多明显的优势。第一，网络商店中的商品种类多，没有商店营业面积限制；第二，网上购物没有任何时间限制；第三，网上商品价格相对较低；第四，购物运输成本低，将商品运送过程转嫁给供应商；第五，商品分类细致，购物者容易查找和比较；第六，网上购物没有地域限制，消费者能买到各地的商品。在学生购书调查中（图 9-4），关于网上书店的优势，有 180 位（占 82.8%）学生认为网上购书能送货上门，无需出行；有 130 位（占 60.0%）学生认为网上图书价格便宜；有 123 位（占 56.3%）学生认为网上购书没有营业时间限制；有 107 位（占 49.3%）学生认为网上能快速查询到想买的书；有 106 位（占 48.8%）学生认为网上购书能买到本地没有的书。

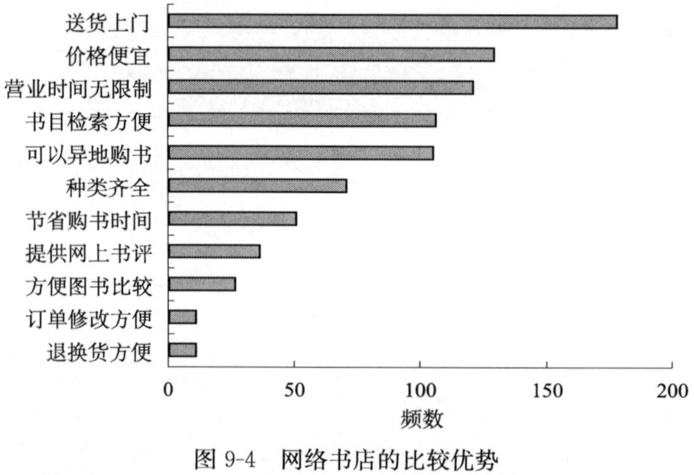

图 9-4　网络书店的比较优势

网上购物的不足之处在于：第一，网络购物者缺少直接购物体验，可能会存在商品质量问题；第二，部分商家存在信誉度问题；第三，网络安全问题；第四，银行卡网上支付问题，包括消费者开通网上支付业务需要至营业厅办理，商家也需要向银行支付手续费；第五，配送问题，表现为配送时间长和费用高；第六，售后服务往往难以提供。在学生购书调查中，关于网上书店的不足，大部分学生认为网上购书只能浏览目录，无法查阅到书的具体内容；56.0%的学生认为网上购书换货、退货不方便；50.5%的学生认为网上购书服务不周，存在时滞；46.8%的学生认为图书送达的时间很难确定，查询困难。

二、网络书店对传统书店的替代性分析

(一) 学生在不同规模书店购书频率的比较

根据学生各种购书方式采用频率的排序结果可知：学生最常选择的书店依次是大型书店、小型书店、中型书店和网络书店（表 9-11)。41.7%和 32.1%的学生分别将大型书店和小型书店作为购书频率最高的书店；27.5%和27.1%的学生分别将中型书店和小型书店排在第二位；排在第三位的书店中，选择中型书店的学生比重最高，占 37.6%；48.6%的学生将网上书店排名第四。

表 9-11 学生最常去的书店规模排序

	第一位		第二位		第三位		第四位		第五位	
	频数	比重/%	频数	比重/%	频数	比重/%	频数	比重/%	频数	比重/%
网上购书	25	11.5	32	14.7	30	13.8	106	48.6	12	5.5
大型书店	91	41.7	58	26.6	46	21.1	19	8.7	1	0.5
中型书店	32	14.7	60	27.5	82	37.6	35	16.1	0	0.0
小型书店	70	32.1	59	27.1	50	22.9	32	14.7	1	0.5
其他	0	0	6	2.8	3	1.4	10	4.6	77	35.3
未选	0	0	3	1.4	7	3.2	16	7.3	127	58.3
合计	218	100.0	218	100.0	218	100.0	218	100.0	218	100.0

在对学生在不同类型的书店中购买的图书种类的调查结果中，我们同样可以计算出在某类书店中不购买任何类型图书的学生比重：不在中型书店中购买任何书籍的学生比重最高，占 33.5%；其次是网上书店，占 27.5%；再次是小型书店，占 16.1%；不在大型书店中购买任何书籍的学生比重最低，占 10.1%。因此，同样证明了学生选择频率最高的书店是大型书店。

(二) 学生最常去的书店规模比较

调查中，认为网上书店有可能替代传统书店的学生中，26.7%的学生最常在网上购书，40.0%的学生在大型书店购书，33.3%的学生在小型书店购书（表 9-12)。值得注意的是这些学生中没有人在中型书店中购书。如果假设学生总体的购书目的地原来是由大型书店、中型书店和小型书店组成的，那么未来网上书店替代性最强的传统书店类型是中型书店，其次是小型书店，再次是大型书店。

表 9-12 认为网上书店能替代传统书店的学生最常去的书店类型

			最常去的书店类型				总和
			网上购书	大型书店	中型书店	小型书店	
替代可能性	能	频数	8	12	0	10	30
		比重/%	26.7	40.0	0.0	33.3	100.0
	不能	频数	17	79	32	60	188
		比重/%	9.0	42.0	17.0	31.9	100.0
总和		频数	25	91	32	70	218

注：据 spss 分析结果（卡方检验 $p=0.007$）

比较传统购书者和网上购书者可知，对于最常去的书店类型（表 9-13）：首先，选择最常在网上购书的网上购物者占 47.9%，而传统购物者仅占 1.2%。其次，两者在中型书店购书的比重上差异最大，后者的比重（4.2%）下降为前者的四分之一。两者在小型书店购书的比重也相差一半，前者为 37.6%，后者为 12.5%。对于大型书店而言，两类学生的表现相差不大。因此，比较传统购物者和网上购物者购书方式的差异可知，网上书店最容易抢占的市场份额是原来由中型书店占据的。

表 9-13 购书方式与最常去的书店规模的交叉分析

			最常去的书店类型				总和
			网上购书	大型书店	中型书店	小型书店	
购书方式	传统书店购买	频数	2	74	30	64	170
		比重/%	1.2	43.5	17.6	37.6	100.0
	网上购买	频数	23	17	2	6	48
		比重/%	47.9	35.4	4.2	12.5	100.0
总和		频数	25	91	32	70	218

注：据 spss 分析结果（卡方检验 $p=0.000$）

（三）不同规模书店的比较优势与网络书店的替代性

根据上文对各种规模书店的比较，我们分别对各类型书店的优势进行综合评分（表 9-14）。评分的项目由四部分组成：第一部分列出影响学生选择购物方式的五大因素，并根据学生对这五类因素的重要性的比较进行加权，按照前文的结论，在此我们为五大因素附上 4 到 1 的权重；第二部分分别列出传统书店和网络书店的比较优势，根据学生选择这些优势比重的大小，依次附上 4 到 1 的权重；第三部分列出书店提供的主要书籍的种类，根据学生购买某类书籍的多寡，依次附上 4 到 1 的权重；第四部分列出学生去某类书店的频率，由于这是一项对网络书店替代性比较关键的指标，因此确定其权重为 5。评分标准：对于第一部分和第四部分，按照前文各类型书店比较优势和采用频率的比较结果，从低到高分别给予 0～3 分评分；对于第二部分，由于只在传统书店和网络书店间存在的区别，故分别给予 0 和 1 分的评分，其中 0 分表示不具有该优势，1 分表示具有该优势；

对于第三部分，根据前文关于各类书店提供的主要图书种类的比较，对提供比重在前两位的书店分别给予 2 分和 1 分，对其余类型的书店都给予 0 分。

表 9-14　各类型书店的综合评分比较

		网络书店		大型书店		中型书店		小型书店		权重
		评分	总分	评分	总分	评分	总分	评分	总分	
书店优势	图书价格	3	9	1	3	0	0	2	6	3
	图书种类	3	12	3	12	0	0	1	4	4
	书店距离	3	6	1	2	2	4	3	6	2
	购书时间	3	6	0	0	1	2	2	4	2
	购书环境	0	0	3	3	2	2	1	1	1
书店特点	翻阅书籍	0	0	1	4	1	4	1	4	4
	支付安全	0	0	1	3	1	3	1	3	3
	送货上门	1	2	0	0	0	0	0	0	2
	异地购书	1	1	0	0	0	0	0	0	1
图书种类	教材	0	0	2	2	0	0	1	1	1
	考试辅导书	0	0	0	0	1	4	2	8	4
	专业课外读物	1	2	2	4	0	0	0	0	2
	小说	2	6	0	0	1	3	0	0	3
采用频次		0	0	3	15	1	5	2	10	5
总分		44		48		27		47		—

根据上述评分规则，总分最高的是大型书店（48 分），其次是小型书店（47 分），再次是网上书店（44 分），最后是中型书店（27 分）。评分越高表示书店的优势越大，学生也越愿意选择这种购书方式。从评分的比较结果我们可以得到以下结论：

一方面，网上书店最有可能替代的书店类型是中型书店。因为在各类型书店总分的比较中，只有中型书店的总分低于网络书店，而且两者的总分差距较大。从各项的评分来看，网络书店与中型书店相比，价格低廉、种类齐全、不受距离约束、购书时间节省，小说和专业课外读物的市场份额也比中型书店大。因此，网络书店与中型书店相比最具有比较优势。中型书店相对于其他各种类型的书店而言，都不具备特有的长处，论图书价格和种类比不过大型书店和网络书店，论书店距离和购书时间又不及小型书店。因此，在这三种类型的书店中，中型书店最有可能被替代。学生对图书种类和价格的要求会使他们逐渐从去中型书店购买转向到网上购买。

另一方面，网上书店不可能完全替代大型书店和小型书店，但可能减少这两类书店的销售额。评分结果表明网络书店的总分低于大型书店和小型书店，但分数差距并不大，因此，网上书店有希望抢占大型书店和小型书店的部分市场份额。综上所述，我们也可以认为网上书店对各种规模级别书店的替代性从大到小依次是中型书店、小型书店和大型书店。

第五节　小　　结

本章通过问卷调查和统计分析，比较了大城市内部不同区位的消费者在利用网络购物上存在的差异。从总体上而言，市区消费者比郊区消费者更倾向于网上购物，或者说，网上购物对市区消费者的影响要大于郊区消费者。这一调查结果在一定程度上验证了技术扩散的假说。尽管网上购物在商品价格和购物便捷性方面优于传统购物，但是在购物的服务质量上还远不及传统购物方式。因此，在现阶段，郊区传统购物出行的不便并没有在很大程度上造成网上购物频率的增加。进一步的研究结果还表明，不同区位的消费者在网上购物上的差异主要受到了配送时间和成本及到传统商店的距离这三方面的影响。相对于郊区而言，市区往往拥有更好的配送条件，而且市区消费者对于购物出行距离更加敏感，这些因素使得市区消费者更容易接受网上购物方式。由此可见，网络经济并不是一种完全虚拟的经济，而是受到了城市实体空间包括基础设施条件的制约。已有不少有关电子商业的理论研究和实践都表明，物流配送是影响电子商业发展的关键性因素（Murphy，2003），而传统的零售业空间格局也会对网上购物的普及起到重要的作用（汪明峰，卢姗，2009）。

本章还重点考察了网上购书对传统书店的影响。研究结果表明：由于网上购物影响消费群体的特定性、网购商品种类的局限性及传统购物环境的不可替代性等原因，网上购物方式更多的是作为传统购物方式的一种补充形式。当然，网上购物也会替代部分传统的购物行为。对于不同规模的传统书店而言，网上购物对中等规模书店的影响最大。因为相比各类规模的书店而言，中型书店的商品种类优势、价格优势和距离便捷优势都不突出，而网上书店在这些方面具有较大的比较优势。因此，网上书店最有可能抢占的是中等规模书店的市场份额，而对大型和小型书店的影响则不显著。

网上书店对不同规模级别的传统书店的影响规律或许可以推广到其他一些零售企业中。以“大卖场—超市—便利店”为例，网上购物对这一系列零售企业中影响最大的是中等规模的超市，因为这类超市既不具有价格竞争优势，又不具有距离便捷优势。就价格而言，大卖场采用薄利多销的手段能够比中等规模的超市吸引更多的顾客。就商品种类而言，大卖场具有明显的优势，而便利店也通过提供各种贴心服务增加其商品种类。就距离因素而言，便利店提供更为方便快捷和周到的服务。此外，大卖场通过班车不断地扩大其服务半径，通过缩短时间距离吸引消费者。中等规模的超市由于经营成本高，提供的商品价格无法与大卖场竞争，也不可能提供班车服务。因此，中等规模的超市将不断缩小服务半径，而这会减少顾客数量，导致经营规模的减小，最终向小规模超市或便利店靠拢。网上购物将通过低廉的价格、丰富的商品来源和便捷的购物方式抢占超市的市场份额，而市场份额受影响最大的无疑将会是中等规模的超市。

受研究局限，本章的调查对象仅涉及高校学生，研究所得到的结论是否能进行推广还有待于更多的实证检验。由于研究对象在知识水平、年龄等方面的同质性较高，可能并不能很好地反映消费者个体差异对网上购物行为的影响。同样，在商品种类上也存在着类似的局限性。因此，在今后的研究中，还需要对更一般的商品种类和消费者进行调查分析，以期得到更具普遍意义的结论。

第十章

无线城市的限制：公共 WLAN 热点的空间分布

移动信息技术正加速改变着人们的生存方式，推动人类社会从传统的信息时代进入移动信息时代（Castells，et al.，2007；张望，卢超，2012；甄峰等，2012）。无线城市、移动城市、智慧城市等各种新的城市形态不断涌现（Sheller，Urry，2006；孙中亚，甄峰，2013），然而我们对于这些新的城市演变态势的空间认知还非常缺乏。尤其是，移动信息技术正在对城市空间结构产生日益显著的影响，认识和辨别这一进程对于理解未来城市的发展及规划至关重要。

根据中国互联网络信息中心（2012）的调查报告，截至 2012 年 6 月底，中国手机网民规模已达 3.88 亿，在整体网民中占 72.2%，首次超越台式电脑网民数，成为网民第一大上网终端。其中，城镇用户依然是中国移动互联网发展的核心力量，在总体手机网民中占 72.5%。移动互联网庞大的用户市场吸引着各大互联网公司及运营商纷纷进入。目前，许多城市相继投入建设无线城市。各地政府联合移动、联通和电信等运营商，积极布局和推进无线接入网络建设，其覆盖范围及上网速度不断提高。当然，在无线城市或智慧城市建设过程中，不少问题也开始出现（王黎明，2011；上海工程技术大学课题组，2013），而其所带来的负面空间效应仍未得到应有的关注（王颖，1998；张望，卢超，2012）。

本章试图探讨智慧城市建设中基础设施布局的城市内部差异问题及其可能带来的数字鸿沟效应。进而以上海为例，采用上海移动的公共无线局域网（WLAN）热点数据，运用 GIS 方法进行空间分析，揭示无线网络接入设施的空间分布规律和态势。WLAN 热点的空间分布也反映了网络运营企业对设施区位的选择，提供了一个新的微观视角，有助于我们理解城市空间结构变动的新趋势。最后，本章也希望为当前无线城市和智慧城市发展与规划提供有益的政策建议。

第一节 无线技术与城市空间

一、无线技术的空间影响

近 30 年来，信息技术与城市发展一直是城市研究的前沿和热点（Castells，1989）。信息和通信技术本身在不断地创新发展，也影响着城市空间结构和组织的持续演变（汪明峰，2007；甄峰等，2012）。当前，全球通信网络正朝着移动宽带化、宽带无线化的方向发展，实现无线网络覆盖是光纤宽带向无线接入延伸的重要手段。目前，以无线局域网（WLAN）为主要内容的无线接入服务在业内被认为是除水、电、气、路以外的“城市第五基础设施”。所谓“无线城市”，就是旨在利用高速宽带无线网络将城市覆盖起来，实现网络接入和应用的无处不在（王瑞峰，2011）。无线设施已经成为建设智慧城市的基础和重要内容，利用无线技术提供公众服务也是提升城市信息化水平和提高城市竞争力的一种有效手段。事实上，卫星电视、Wi-Fi 或者是手机的使用并不仅仅是摆脱了线的限制，其可移动性与无处不在的特点再加上可以负担的费用共同让城市摆脱了传统媒体的商业和组织设定（Werbach，2003）。

移动通信技术正在对城市空间产生显著的影响（翟青，甄峰，2012）。信息技术的创新及其应用使得用户不受区位和时间的限制，可以通过宽带服务即时接入网络空间，促进了网络空间与实体空间之间的融合（Kellerman，2010）。移动通信技术的使用可以影响人们对时间的利用，增加日常行为和出行的时空弹性（Kwan，2002）。互联网的即时接入将模糊城市空间的功能：原先工作、生活和休闲对应的办公室、家和咖啡厅（或餐馆）等场所的功能日益模糊、交叉（Kellerman，2010）。进一步，公共空间和私人领域之间，以及室内与户外之间的界线也逐渐模糊（Kopomaa，2000）。移动技术可能促使人们更多地在家之外花费自由时间，如去咖啡厅或外出就餐。Graham 和 Marvin（1996）早就指出，移动通信的弹性使用将导致城市公共空间的弹性使用，从而改变传统的城市中心与边缘空间分工的结构。一项针对 WLAN 热点在邻里层面扩展的研究表明，无线技术增加了用户的时间灵活性，甚至可能在不同的空间范畴重新定义社会分异的现象（Grubesic，et al.，2004）。

二、无线技术可能加剧“双重城市”

作为一种新技术，无线网络的扩散在空间上必然呈现不均衡的状态。无论在全球尺度，还是区域层面，或者更小的空间单元之间，无线设施或普及程度均存在空间差异性（Gorman，McIntee，2003；Janc，Ilnickik，2010）。无线宽带是通过无线热点接入各种网络的“最后一公里”连接。显然，一个地方拥有更多的接入服务，就有可能更广泛地利用互联网。然而，城市在响应无线技术带来的机会时，会存在不同的目标（Strover，Mun，2006）。一方面，在许多城市中，为了消除数字鸿沟，新技术被认为可以用来弥补当地的信息不平等。技术娴熟的个人和组织或团体总是希望分享他们的专业知识以帮助地方更紧密地融入信息社会。而无线技术相对便捷和便宜，更有可能提供给地方用户（Grubesic，et al.，2004）。另一方面，不少城市也将日益增多的 Wi-Fi 热点作为改善商务环境和吸引投资促进经济发展的重要手段（Ford，Koutsky，2005）。

在国内，信息技术从业者在规划无线设施布点时，往往仅考虑设施使用的效率。根据对某城市 WLAN 热点类型及数据流量统计，平均流量排名前 6 的热点类型为政府、学校、医院、运营商自有、专业市场及酒店（邵佩等，2011）。事实上，不少无线城市在规划中，都强调用户对网络的需求高的区域应优先建设（邵佩等，2011；王瑞峰，2011）。在这种建设思路指导下，新技术的服务提供必然造就空间上的两极化。已经有规划师担心这一结果的负面影响，认为无线城市建设会形成“双重城市”的现象（张望，卢超，2012）。在城市中，那些重要的区位都倾向于大规模采用高速互联网接入，同时这些城市内部又存在着大量不联网的信息贫困区（Graham，2002）。尽管无线城市带来的信息资源均质化对消除数字鸿沟具有一定的促进作用，但其本身的局限性使得它无法从根本上规避双重城市的出现（张望，卢超，2012）。正如 Castells（2001）所指出的，网络拥有者（have）与非拥有者（have-nots）之间的差异增加了不平等的来源和社会排斥之间的基本分裂，其复杂的互动进程扩大了信息社会所承诺的状况与真实世界之间的鸿沟。

三、无线城市建设的空间动力机制

对于无线宽带市场而言，消费者的选择是一个基本的重要因素，因此无线设施的布局明显受到当地社会经济因素的影响（Grubesic，2010）。Oyana（2011）通过对美国南伊利诺伊地区的无线网络设施分布进行分析发现，影响无线网络设施分布与应用的需求层面的三个主要因素是大学教育程度的人口比重、特定年龄段的人口比重及平均家庭收入。Driskella 和 Wang（2009）对于美国路易斯安那州一个县的 Wi-Fi 接入点的空间分析表明，邻里单位居住人口的社会经济劣势和家庭特征是决定无线设施区位的两个主因子。Grubesic 和 Murray（2004）对美国俄亥俄州辛辛那提 4 个邻里的 Wi-Fi 热点进行了分析，发现各个邻里的社区网络接入程度与社会经济和人口因素密切相关。Wi-Fi 活动在富裕与贫困的街区存在显著不同，而中心城区的网络接入分布得益于高密度的商业与办公大楼。因此，地理条件的作用也是很明显的，如是否属于城市密集地区或距离城市的远近等。

综合相关文献的讨论可以发现，无线基础设施的布局主要存在两种基本的思路，一是遵循市场导向的经济发展；二是强调均等的政策介入。一项对美国无线设施分布的研究（Gorman，McIntee，2003）表明，无线通信基础设施比原有固定通信设施分布更广，无线服务的人群比重更大，因此有助于减小数字鸿沟。这种状况的出现除了市场需求导向之外，政府的早期干预也很重要。政府在划分服务区域时，往往要求电信公司不仅要在核心地区提供服务，同时也要在边缘地区建设设施，从而使边远的地区也能够享受到无线通信服务。事实上，Sawada 等（2006）对加拿大无线网络接入点的 GIS 分析，的确表明了无线宽带连接对于偏远地区接入网络的重要性。因此，通过对诸如 Wi-Fi 之类的新兴技术的空间特征进行检讨，审视借助技术提升地方融入信息社会的潜力，对于我们更好地理解移动信息时代的城市发展是非常重要的。

第二节 热点分布的研究方法和数据

一、研究区域与数据来源

上海的信息化建设一直以来都处于全国领先地位。早在 20 世纪 90 年代，信息化战略就是上海重要的现代化战略举措。2010 年世博会的主题“城市，让生活更美好”，也与智慧城市理念相契合。上海市人民政府（2011）曾发布《上海市推进智慧城市建设 2011—2013 年行动计划》将无线城市建设作为重点，致力于构建起多层次、广覆盖、多热点的全市无线宽带网络，实现全市重点公共场所和服务场所的无线局域网热点覆盖率超过 80%，接入能力达 20Mbps。上海市政府也采取与网络运营商联合的方式来推进无线城市的建设。早在 2009 年，上海市政府和中国移动通信集团公司宣布建立长期战略合作关系，建设精品无线城市，推进上海加快智慧城市建设。

本节采用的数据来源于上海移动公司官网（http：//www.10086.cn/sh/）。

WLAN 是目前应用最为广泛的宽带无线接入技术之一，它用于点对多点的无线连接，满足用户群内部的信息交流和网际接入需求。目前便携式计算机、PDA 等终端普遍内置 Wi-Fi，并已经拥有巨大的终端客户群，因此中国基础电信运营商们的无线宽带网络目前主要采用 Wi-Fi 技术接入 WLAN。截至 2013 年 7 月，上海移动 WLAN 热点数共有 6800 余个。

将所有 WLAN 热点在 2009 年与 2013 年的地址信息分别与上海市矢量地图进行匹配，得到两个年份的上海移动 WLAN 热点空间分布图。本节研究的空间范围为上海整个市域，包括 16 个区和崇明县，并将街道或镇作为最小空间分析单元。

二、研究方法

本节研究采用热点分析法探测事件在空间分布上的非随机性，计算出事件发生高频率的热点区域。首先，将公共 WLAN 热点地址通过经纬度转换软件转换为以 GPS 坐标为坐标系的点坐标数据集合，并且通过 ArcGIS 软件导入至上海市域矢量地图。然后，以街道、镇为最小单位统计出每个单位区域内的 WLAN 热点数据，对该数据进行 Getis-Ord $G*$ 热点分析。进而，通过计算 z 得分和 p 值探测空间上的要素聚类现象，确定其是高值集聚还是低值集聚。

Getis-Ord G^* 分析需要对临近要素环境中的要素都进行查看，统计学意义的热点要求要素具备高值（Getis，Ord，1992）。局部总和与所有要素的总和的比较结果可以反映出空间上的集聚性。如果两者的差异非常大的话，就无法产生随机的结果，即产生一个 $G_i{}^*$ 统计的 z 得分。该得分越高，热点的聚类现象就越紧密，而负的得分则表示低值（冷点）的空间聚类。此外，在计算空间聚类时产生的 p 值表示概率。空间模式是某一个随机过程产生的概率。所以，p 值越低，表明观测到的随机空间模式的概率越低。p 值和 z 得分都是正态分布，在出现极高或极低（负值）的 z 得分时，这些得分与非常小的 p 值关联。一般当 z 得分$\geqslant$2.58 或者$\leqslant -2.58$时，p 值对应小于 0.01，表示置信率为 99%以上。

第三节　WLAN 热点空间分布及演变特征

一、空间分析

（一）圈层分布

以上海市的传统地理中心人民广场为圆心，距离中心每 5 km 作同心圆缓冲区，对不同圈层内的公共无线局域网热点数量进行统计（图 10-1）。2009 年与 2013 年的上海移动公共 WLAN 热点分布的差异明显，而且各圈层缓冲区的 WLAN 热点数产生了很大的变化。

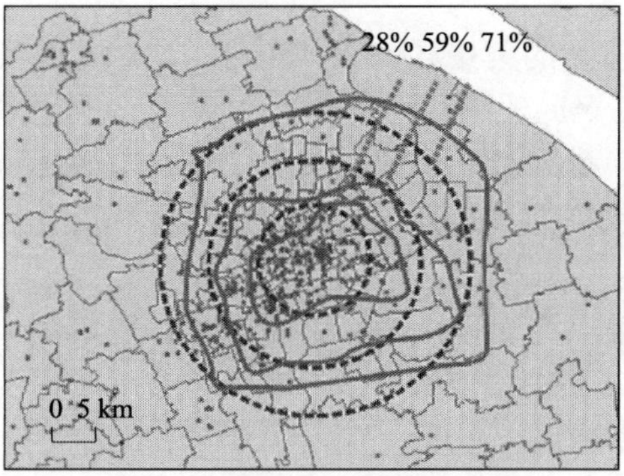

(a) 2009年

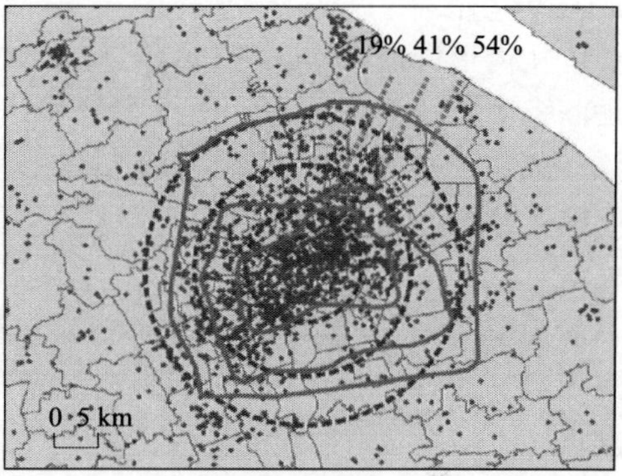

(b) 2013年

图 10-1 2009 年与 2013 年上海移动 WLAN 热点圈层分布比较

中心城区是 WLAN 热点分布的主要区域（图 10-1）。上海移动公共 WLAN 热点在 2009 年和 2013 年均在市中心 15 km 范围内的区域存在集中分布的现象。在 2009 年，接近 60%的 WLAN 热点位于距离人民广场 10 km 范围内的中心区域。超过七成的 WLAN 热点在接近上海外环高速路范围内，距离人民广场 15 km内的空间区域。而到了 2013 年，最中心的 10 km 范围内的 WLAN 热点的比重降至约 40%，15 km 范围内的热点比重也降低至 53.5%。尽管如此，其比重依旧超过了全市总量的一半。

WLAN 热点在中心城区内的分布状况也发生了明显的变化。在城市最核心的 5 km 距离内，热点数量的占比从 28%跌至 18.9%，减少近 10 个百分点。2009 年，5～10 km 的距离范围内的 WLAN 热点比例是 30.7%，而在 2013 年这一比重跌至 21.8%。10～15 km 范围的热点比重基本持平为 12.7%至 12.8%，15～20 km 范围内的热点比重变化幅度较小，从 2009 年的 7%上升至 2013 年的 8.9%。涨幅最大的区域为 20 km 以外（远郊）范围，其 WLAN 热点比重从 2009 年的 21.6%上升到 2013 年的 37.9%。总体来看，上海城市中心的公共 WLAN 热点数量的比重出现明显下降，中心外围的区域有所上升但并不显著，城市外围远郊地区的比重则大幅提升。

（二）区县及街道分布

在区县层面上，上海移动公共 WLAN 热点的空间不均衡性也比较明显。2009 年，浦东新区、徐汇区和长宁区的 WLAN 热点数量最多，3 个区的 WLAN 热点总数占到了全市总量的 35.8%。2013 年，松江区、闵行区超越徐汇与长宁两区成为 WLAN 热点数量最多的区，加上浦东新区 3 个区的热点数占全部热点的 33.6%。有超过 1000 个热点分布在浦东新区，占到了总量的 15%，比拥有第二多热点的松江区（650 个）多出 59%，是热点最少的崇明县的 6.7 倍。

从街道层面来看，WLAN 热点在空间上的集聚区位大体可分为两种：一类是商务中心集聚区，另一类是高校科研集聚区。事实上，WLAN 热点的空间载体多数为商务办公楼或者大学校园。表 10-1 列举了 2013 年 WLAN 热点数量位居前十位的街道（镇），热点数均超过了 100 个。上述区域内除了有传统商业区外滩、徐家汇等，也有高等学府集聚区，如方松街道是松江大学城所在地，柘林镇为海湾大学城所在地，江川路街道为上海交通大学、上海电力学院等学府集聚地。此外，张江镇等高新产业集聚区办公楼众多也是 WLAN 热点布局的重点。

表 10-1　2009 年与 2013 年上海移动 WLAN 热点的街道/镇分布（前 10 位）

2009 年				2013 年			
排名	热点数量	名称	所属区县	排名	热点数量	名称	所属区县
1	27	徐家汇街道	徐汇区	1	395	方松街道	松江区
2	23	外滩街道	黄浦区	2	171	南桥镇	奉贤区
3	21	长寿路街道	普陀区	3	158	花木街道	浦东新区
4	21	花木街道	浦东新区	4	131	夏阳街道	青浦区
5	19	南京东路街道	黄浦区	5	124	张江镇	浦东新区
6	18	陆家嘴街道	浦东新区	6	123	江川路街道	闵行区
7	18	虹桥镇	长宁区	7	120	外滩街道	黄浦区
8	15	瑞金二路街道	黄浦区	8	113	徐家汇街道	徐汇区
9	14	五角场街道	杨浦区	9	102	惠南镇	浦东新区
10	14	天目西路街道	闸北区	10	100	柘林镇	奉贤区

从万人拥有 WLAN 热点数来看，空间不均衡的特征更加明显。表 10-2 显示了 2009 年和 2013 年上海移动每万人 WLAN 热点数量排序前十位的街道。在 2009 年，进入前十位的街道多数位于黄浦、徐汇、静安等传统中心城区。其中，最高的天目西路街道每万人拥有 WLAN 热点数达到了 4.03 个，外滩、虹梅路、瑞金二路、徐家汇街道等也在 3 个左右，这一数据与 2013 年比较，仍可超过每万人 WLAN 热点数最少的 138 个街道和镇的水平。在 2013 年，松江、奉贤等远郊区县也有街道或镇进入前十位，外滩、南京路、徐家汇等街道的每万人 WLAN 热点数依旧位于全市前列。2009 年，在每万人 WLAN 数最高的前 50 位街道或镇中，有 41 个位于中心城区，只有 9 个位于外环外的郊区。而到了 2013 年，前 50 位中郊区的街道或镇的数量上升到了 15 个。

表 10-2　2009 年与 2013 年上海移动每万人 WLAN 热点的街道/镇分布（前 10 位）

2009 年				2013 年			
排名	每万人热点数量	名称	所属区县	排名	每万人热点数量	名称	所属区县
1	4.03	天目西路街道	闸北区	1	25.23	虹梅路街道	徐汇区
2	3.54	外滩街道	黄浦区	2	24.46	方松街道	松江区
3	3.44	虹梅路街道	徐汇区	3	23.65	静安寺街道	静安区
4	3.04	瑞金二路街道	黄浦区	4	18.49	外滩街道	黄浦区
5	2.91	徐家汇街道	徐汇区	5	17.23	南京西路街道	静安区
6	2.87	南京东路街道	黄浦区	6	16.69	天目西路街道	闸北区
7	2.74	南京西路街道	静安区	7	15.97	柘林镇	奉贤区
8	2.39	静安寺街道	静安区	8	13.99	芦潮港镇	浦东新区
9	2.35	虹桥街道	长宁区	9	12.96	瑞金二路街道	黄浦区
10	1.65	湖南路街道	徐汇区	10	12.16	徐家汇街道	徐汇区

（三）集聚热点分布

在街道层面进一步进行热点区域分析，以判断 WLAN 热点的主要集聚区域（图 10-2）。将 z 得分高的区域定义为主要集聚区，其次为一般集聚区。2009 年，上海移动 WLAN 热点分布呈现出典型的“中心—外围”结构，中心区主要分布在外环线以内的中心城区。偏远地区如崇明、金山、南汇等部分街道乡镇的 WLAN 热点稀少。到 2013 年，WLAN 热点空间分布格局发生明显的变化，呈现出 2 个大集聚片区，除了传统的市中心集聚外，还在上海的西南地区，包括松江新城、青浦新城、江川路街道、南桥新城等地区形成了新的集聚热点。上述地区连接在一起，形成了与市中心区相对应的城市西南集聚片区。同时，崇明岛由于地理因素的影响，WLAN 热点分布的冷点集聚状况更加明显。

二、变化特征与机制

（一）WLAN 热点集聚于商务中心和高等院校所在地

从热点分析图中可以看出，在中心城范围内 WLAN 热点的分布相对比较随机，在中心城外围呈现出了几个主要商务发展热点的集聚分布，这与上海中心城扩张，次级商务中心发展有一定联系。2009 年 WLAN 热点最为密集的区域为徐家汇、外滩、长寿路、花木、南京东路，五角场，天目路等传统商圈所在街道，这主要是由于上述区域办公写字楼集聚、商业发达。写字楼地区白领集聚人流量大，WLAN 热点在商务中心写字楼地区布局的集聚对于促进网络交流、提高城市智慧生活水平和企业智慧运作都很有帮助。2013 年在距离更远的郊区，如在松江新城、南桥新城、青浦新城等新一轮城市发展热点区域，呈现出了显著的集聚现象。诸

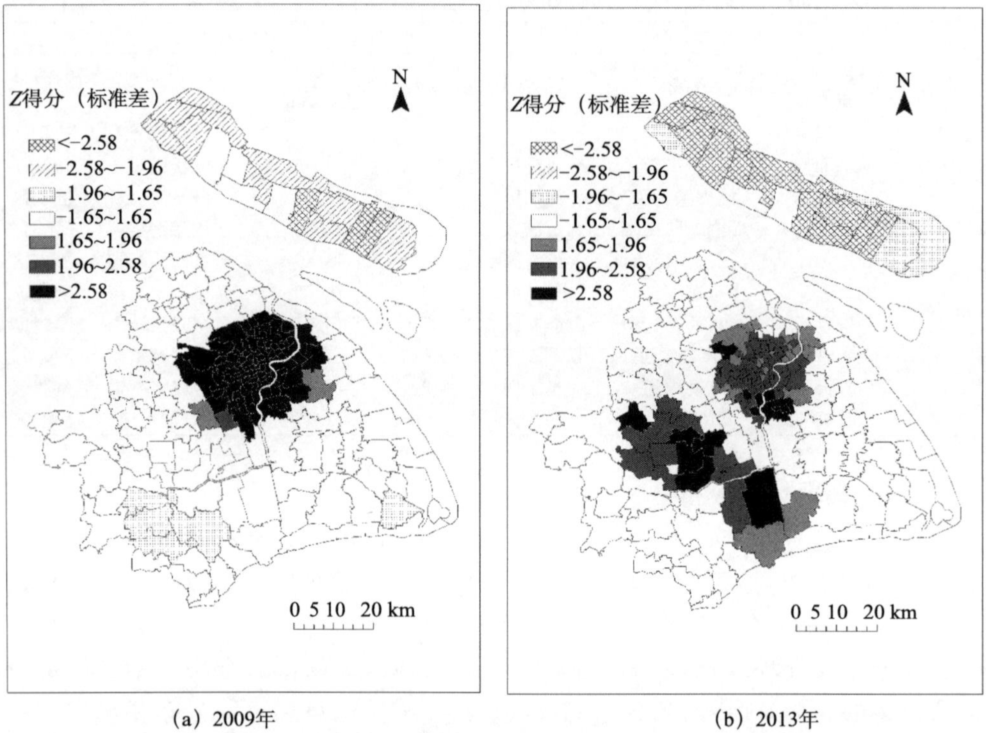

图 10-2　2009 年与 2013 年上海移动 WLAN 热点的空间集聚状况比较

多大学在郊区新城的新校区建设，使得区域内的 WLAN 热点数迅速提高。

（二）WLAN 热点布局向郊区扩散

上海的郊区化进程近些年发展迅速（Ning，et al.，2014）。一般来说，大型工业企业郊区化是第一步，随后市中心人口和住宅外迁。然后，由于市中心土地供应有限，地价高昂，许多商业机构、政府部门等都逐渐迁往郊区，多种职能的郊区化慢慢实现。另外，诸多社会公共服务设施、商业配套等也在郊区迅速发展，与公众生活紧密相关的配套设施也同样如此。并且，随着城市人口与产业的相继外迁，公共无线局域网的布局也随着城市的郊区化而往郊区扩散。总的来说，智慧城市的实现最终服务的是城市居民、城市环境与城市经济。人是智慧的关键，随着人口的郊区化，郊区的基础设施建设进步很大，宜居性也得到提升。

（三）WLAN 热点的冷点地区主要集中于偏远区县

反观 2009 年与 2013 年上海移动 WLAN 热点数最少的街道，均为经济发展相对落后，公共设施、商业配套不完善的地区。在 2009 年，有 55 个街道或镇没有一个 WLAN 热点，这一数字在 2013 年下降到了 8 个。但热点数在 10 个以下的街道或镇依旧有 68 个之多，它们多数位于崇明、金山、原南汇等偏远区县。中心城区街道中，上钢新村、彭浦新村、沪东新村等街道的 WLAN 热点也不足 5 个，这些均是传统的工人新村片区。可见，这些区域的社会经济特征决定了无线设施的布局状况。

第四节 WLAN 热点的微区位案例分析

一、南桥新城案例

南桥新城是上海市奉贤区的政治、经济和文化中心，也是上海市杭州湾北岸地区的一个综合性服务型的核心新城，是上海市在“十二五”期间重点推进建设的三大新城之一（陈琳等，2011）。规划范围北至大叶公路，东至浦星公路，南至 G1501 上海绕城高速，西至南沙港和沪杭公路，面积为 71.39km^2，规划人口为 75 万人。在城市发展的理念上，南桥新城也积极加大信息基础设施的建设，通过新一代信息技术实现城市中各个功能彼此协调运作，为城市中的企业提供优质的发展空间，为市民提供更高的生活品质，从而支撑起以服务经济为主导的产业结构。

2009 年 6 月，上海移动在南桥新城范围内仅建设有 8 个公共无线局域网热点［图 10-3（a）］。其中，3 个位于宾馆酒店，分别是南郊宾馆、平川会展假日酒店和圣淘沙大酒店；2 个位于商场购物中心，大润发奉贤店和易初莲花南奉店；2 个位于政府机构，奉贤区会议中心和南桥镇政府；1 个商务写字楼奉浦大厦。上海移动 WLAN 热点在南桥地区的分布零散不均，使用率并不高。近几年，随着新城的发展和人口导入，南桥地区公共设施、商业设施不断完善，尤其是信息基础设施建设发展迅速。截至 2013 年 6 月，南桥区域已有 170 余个上海移动 WLAN 热点分布在不同的街区及不同类型的场所，基本覆盖了整个南桥新城范围［图 10-3（b）］。其中，分布密度最高，数量最多的 5 个区域为环城东路奉浦商业街片区、百联南桥商业中心片区、南桥老城商业中心片区，以及奉贤区政府及其周边办公楼片区和南桥镇政府及周边片区。

2013 年，在南桥新城的重点建设地块 S4 高速以东区域分布有南郊宾馆、聚润广场等少数零星 WLAN 热点分布，由于新城尚处于建设过程当中，重点规划项目“上海之鱼”、中央森林公园、苏宁广场、诺丁汉大学等正在建设并未投入正式使用，人口集聚规模还未形成，因此在城东片区目前分布较少。随着项目在今后几年内的完工，五号线南延伸段的建成通车以及金海路越江

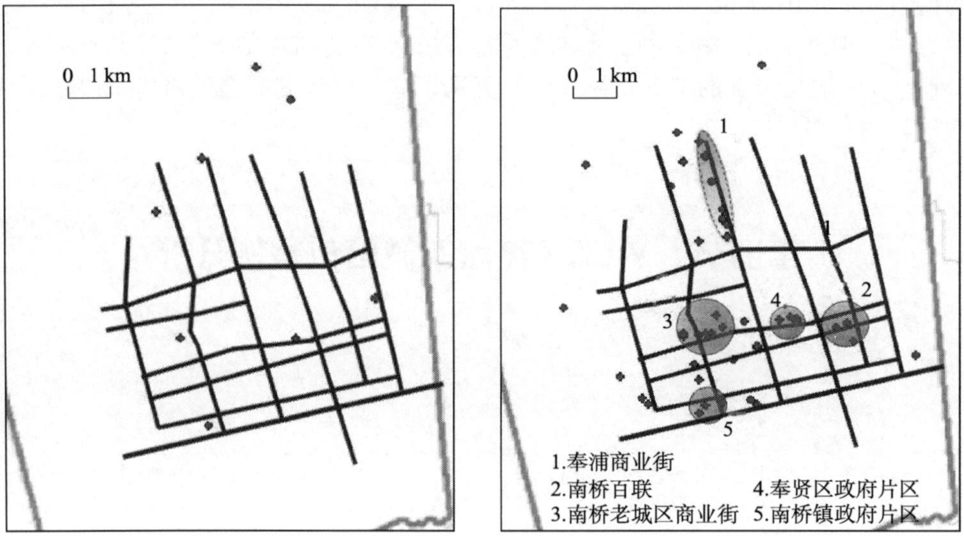

(a) 2009年　　(b) 2013年

图 10-3　2009 年与 2013 年上海移动 WLAN 热点在南桥地区的分布

工程的贯通启用，预计在未来 2～5 年内，新城片区的 WLAN 热点将呈现高速发展的态势。

二、松江大学城案例

松江大学城的建设是上海市规划决策和教育改革的一次创新探索，对于上海新城建设和高等教育发展均具有积极作用。在市场机制下，由松江区划出土地用于校园建设，由银行贷款支持基础建设，而高校租赁进驻园区的方式，提供了一个成功的城市经营案例（王振亮，2004）。松江大学城面积约 8000 多亩①，区内有众多高校，如上海外国语大学、对外经贸大学、立信会计学院、东华大学、华东政法大学、工程技术大学等。轨道交通 9 号线作为松江区唯一的地铁线路直接连接松江大学城站与市中心区域。

在上海移动 WLAN 建设过程中，热点数量变化最大的就是松江大学城所在的方松街道。在 2009 年时，仅有 7 个上海移动 WLAN 热点。到了 2013 年这一数字井喷至 395 个之多，位居上海市所有街道或镇之首，其中在松江大学城范围内就有 320 余个中国移动校园 WLAN 热点，其成为整个上海市公共无线局域网热点增长最为显著的地区。事实上，大学及专业院校

① 1 亩约为 666.7 平方米。

往往被电信运营商作为最首要的规划热点区域（王瑞峰，2011）。显然，大学城所带来的商业、人流的集聚为整个松江城区 4 个街道的 WLAN 热点的建设提供了动力。

三、彭浦新村街道案例

彭浦新村街道位于上海市闸北区西北部，东起岭南路，西到东茭泾河，南临场中路、走马塘，北接共康路和高压线走廊。从 1958 年开始建设，一直到 20 世纪 90 年代才告终。建筑大部分是多层的公房，体量非常庞大。彭浦新村街道常住人口约有 16 万人。但由于建设年代久远，规划建设空间小，近年来区域发展十分缓慢，主要以居住功能为主，大型商业配套也主要依赖周边街道。

彭浦新村街道公共无线局域网建设在中心城区各街道中一直处于相对滞后的位置。2009 年，该街道只有共和商务广场 1 个上海移动 WLAN 热点。至 2013 年，位于彭浦新村以南与之相邻的大宁路街道的 WLAN 热点数从 8 个上升到了 59 个，而彭浦新村街道的 WLAN 热点数仅仅增加到 5 个（图 10-4）。大宁路街道只有 7 万多常住人口，不到彭浦新村人口数的 1/2，WLAN 热点数却是其 12 倍。市区旧式工人新村集聚的区域或一些城中村区域在信息化建设的过程中往往会成为盲点，这也是城市信息化建设亟须改善的问题之一（程红，汪明峰，2012）。

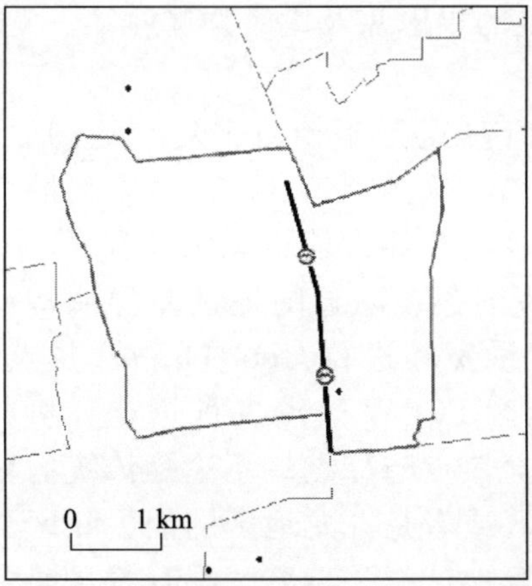

(a) 2009年

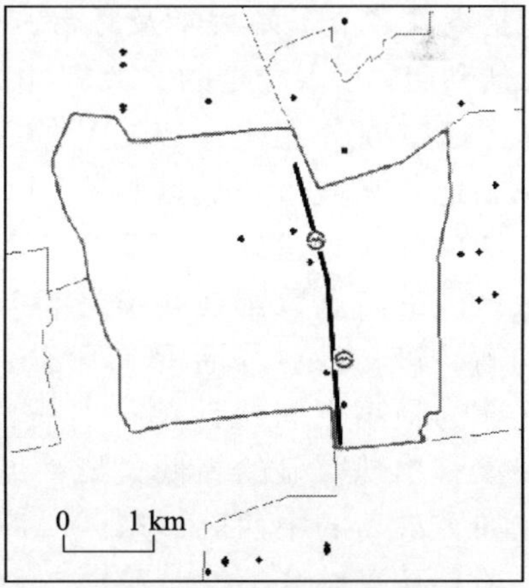

(b) 2013年

图 10-4　2009 年与 2013 年上海移动 WLAN 热点在彭浦新村街道地区的分布

第五节 进一步讨论：兼与香港公共无线宽频建设的比较

一、香港公共无线宽频 Wi-Fi 热点分析

香港的智慧城市建设起步很早，在内地大规模启动智慧城市建设之前，香港地区已经开始了智慧城市的实践。香港的大部分公共场所都已经全面覆盖了无线网络。早在 2008 年 3 月，香港特别行政区政府推出了政府无线上网计划“香港政府 Wi-Fi 通”，该项目斥资二亿多港币，在全香港 18 个区人流量较多的场所进行无线上网设施的安装，免费提供给市民使用。公共图书馆、运动场所、文化康乐中心、社区会堂、公园、政府大楼等都有覆盖，截至 2013 年 6 月，香港政府已经在 400 个场所推出了这项服务。除了机场之外，所有的港铁车站也都建设有免费 Wi-Fi 热点，可每次登录 15 分钟（一天最多五次）。对于出行的公众而言，十分便利。根据香港电讯管理局（Office of the Telecommunications Authority，OFTA）的统计数据，截至 2012 年年底，总计有八千个左右的免费无线上网热点。除了政府提供的热点之外，大多数还是由 17 家商业运营的互联网服务提供商来供应。在香港各大商场、酒店、咖啡馆及公交车上都可以使用公共无线局域网热点。香港最大电信商电讯盈科（PCCW）的 Wi-Fi 热点遍布香港，包括港铁多个车站大堂及月台、全港的星巴克及太平洋咖啡店、7-Eleven 及 OK 便利店，以及指定的 PCCW 电话亭。

在区域空间分布上，PCCW 的 Wi-Fi 热点分布相对平均，港岛、九龙、新界除山地外在城市建成区均有 Wi-Fi 热点覆盖（表 10-3）。热点最多的是九龙的油尖旺区，达到了 413 个，而最少的新界大埔与北区也有 68 个之多，大多数地区的热点数都在 100～200，并不存在明显的地区差异鸿沟，发展相对均衡。进一步对香港 PCCW 公共无线宽频进行 Getis-Ord G^* 热点分析，以选区作为最小空间统计单位对香港特区 PCCW 热点进行热点分析，结果显示并没有出现明显的高低集聚，无明显热点与冷点。不论是传统的城市中心，比如香港岛的中西区、东区、湾仔区或者是九龙地区的油尖旺区、九龙城区，还是新兴城区荃湾、葵青、元朗等地甚至是离岛区都有着足够多的公共 Wi-Fi 热点分布，配合高效的 3G、4G 网络，基本做到了无所不在的智慧城市网络覆盖。

表 10-3 2013 年 6 月电讯盈科 PCCW 公共无线宽频热点的区域分布

区域		PCCW 的 Wi-Fi 热点数
新界	离岛区	143
	葵青区	101
	北区	68
	西贡区	114
	沙田区	164
	大埔区	68
	荃湾区	107
	屯门区	119
	元朗区	148
九龙	九龙城区	149
	观塘区	242
	深水埗区	147
	黄大仙区	100
	油尖旺区	413
香港岛	中西区	260
	东区	213
	南区	70
	湾仔区	186

二、上海与香港等地的比较讨论

根据前文上海的分析可以发现，目前上海无线城市建设的重点还是集中在基础设施，即无线热点的空间布局，而这一进程更多的是市场导向的。通过新的无线技术如何消除日益加剧的数字鸿沟，似乎还没有受到应有的关注。这种状况的形成与各个城市的信息化发展策略和规划紧密相关。香港特区在推进城市信息化进程时，更多地考虑城市公共服务提供及市民参与的政策导向。最近，香港虽没有出台与智慧城市直接相关的规划，但其在 1998 年就推出了“数码 21”资讯科技策略，虽然年代已久，但依旧突出了以人为本、促进学习和文化的发展。同样，台北在 2011 年推出“UI-TAIPEI”和推动智慧城市建设的相关纲要计划时，也提出“贴心”、“无障碍”等规划要求，更突出了市民的普遍需求。因此，相比较于港台地区，当前大陆城市在规划智慧城市时，对从市民的需求出发来考虑市民学习新技术与弥补数字鸿沟是相当缺乏的（袁文蔚，郑磊，2012）。根据国内外智慧城市评价体系的比较（王思雪，郑磊，2013），内地技术相关指标所占总体的百分比相对较高，除了家庭 ICT 设施之外，还包含有各类传感终端、智能电网、诱导系统、WLAN 接入等方面的内容。但是，欧盟与台湾地区两个指标体系对于技术就较少涉及，其指标却更注重技术与硬件所产出的价值，以及对于公民和经济所起的作用，如台湾指标体系中的“民众上网普及率、宽带网络带动的民间投资”

等。如此可见，当前上海在推进无线城市和智慧城市建设上还任重道远，尤其是在消除数字鸿沟的维度上还有更多的工作需要做。

第六节 小结与规划启示

本章从数字鸿沟的视角考察了上海智慧城市建设中无线设施布局的空间差异问题。借助于GIS分析技术，对上海市公共无线局域网热点的空间分布特征和态势进行了分析。研究发现，尽管无线接入设施最近几年在空间上迅速扩展，但仍然没有缩小城市内部区域之间的差异，空间数字鸿沟依然存在，并有扩大的趋势。在上海建设智慧城市起步之初，无线接入设施分布的空间结构主要呈现出明显的“中心—外围”模式。而伴随着上海郊区化的进程，公共无线局域网热点也随之在郊区加速布局。至2013年，全市空间结构呈现出市中心与西南片区双核的空间格局。从小尺度空间区位来看，WLAN热点倾向于在商务中心和高等院校集聚地布局，而同时在偏远乡镇或者中心城区的旧式工人新村地区的热点数量则明显很少。这种状况显然与无线设施建设的市场需求导向紧密相关。与起步更早的香港公用无线宽频的空间分布格局相比较，香港的无线设施分布相对均衡，并未呈现出明显的冷点和热点区域。其在智慧城市基础设施建设上，倡导减少数字鸿沟的政策思路值得上海等内地城市借鉴。

无线技术是当前影响我国城市空间结构的重要技术因素，相关基础设施的规划也正在逐渐纳入到城乡规划体系之中（陈永海，2010；沈阳，2010），不过我们对于无线技术所带来对城市的影响机制和效应的认识还远远不足。本章仅是一项初步的探索性研究，但也可以从中得到一些规划和政策启示。首先，建设无线城市或智慧城市需要更多地从消除数字鸿沟的角度来考虑。无线技术的灵活性为促进信息资源的均质化带来了机会，但是如果仅仅从技术的效率出发，无线城市的建设反而可能加剧数字鸿沟。其次，政府需要在建设初期进行干预，弥补市场需求导向带来的负面效应。与其他各种公共服务设施和资源的均等化配置相类似，规划应强调新的技术基础设施的均好性，推动欠发达区域的公共无线网络的建设。再次，针对无线技术带来空间功能的混合趋势，规划应加强弹性，改变传统功能区划的思路，以消除人为规划所带来的区域差异。最后，智慧城市的发展不应只注重硬件建设，还应将以人为本、绿色低碳的软环境建设整合进规划的范畴。市民需求和公民参与等都是智慧城市的重要内容，政府提供公共服务应将公众置于中心位置，并兼顾企业的发展，增强三者之间的沟通与互动，以切合现代公共治理的发展方向。

第十一章
超越互联网：展望城市与区域的未来

作为一种日益普及的先进信息和通信技术，互联网改变了人类社会的信息处理和流动方式，从而影响到我们生活的所有领域。正如本书所分析的，互联网带来的空间效应，已经并且正在持续地影响中国的城市和区域发展。然而，各地经济社会和历史文化的环境差异使得影响的结果也差异显著。就像历史上过往的重大技术变革一样，这种转变给我们带来的也是机遇和挑战并存。互联网究竟给我们带来了什么，将来又会怎样，其实很难评价和预测。我们只能从一个侧面或者尽可能从不同的视角来审视这一历史性的趋势。因此，相对于互联网所带来的广泛影响，本书的分析并不系统，并且是有选择性的。但是这些关注点都是地理学的基本领域，可以为我们更深入地探究互联网与空间的关系提供出发点。最后一章将试图延伸本书的主要内容，把握当前新的技术应用所带来的新趋势，从而为城市和区域发展的未来提供一些有益的思路。

第一节　理解技术变革的本质

在过去十几年里，管理学领域有一个非常重要的理论与“创新”相关，即“破坏性创新”，这是哈佛商学院教授 Clayton Christensen（1997）最早提出的，他把创新分为“维持性创新”和“破坏性创新”两种类型。其研究表明，在如今飞速变化的商业世界里，通过破坏性创新创建的新业务成功概率，比通过传统的维持性创新要高十倍以上，因此破坏性创新对于现在商业的发展是非常重要的。跟这个概念相关还有另外一个主题，即所谓“破坏性技术”，管理学对其并没有一个非常明确的界定。很多人认为，互联网技术是一种比较典型的破坏性创新。但实际上在管理学内部也有争论，这种技术能不能算作破坏性创新，也需要分开仔细探讨。比如，互联网技术对传统商业的影响，其中它对原先目录零售商来讲是一种维持性的创新，但是对于百货商店来讲则是破坏性的。移动互联网也是这样，其中一部分可能是延续性的，但是有一部分是破坏性。

事实上，互联网是一种复杂系统，其带来的影响效应也很难一概而论。正如本书研究的互联网的空间维度及其变化效应也错综复杂。互联网的省级差异正在缩小，区域之间的数字鸿沟似乎有所消除；但同时一些互联网城市日益崛起，加剧互联网关键要素的空间集聚。互联网影响下的城市体系也正在发生变动，少数大城市成为网络核心城市的同时，一些小城市甚至农村地区也在充当网络经济中的重要节点。新的技术带来机会，但网络连接具有选择性。日新月异的技术有扩大数字鸿沟的可能性，加剧各个空间尺度上的破碎化。正如 Arthur（2009）指出，技术总是进行着这样的循环：为解决老问题去采用新技术，新技术又引起新问题，新问题的解决又要诉诸更新的技术。

第二节　把握未来互联网的趋势

美国著名经济学家 W. B. Arthur 在《技术的本质》一书中深刻解读了技术是如何演化的。Arthur（2009）指出，技术在某种程度上是此前已有技术的新组合。之前的技术形式会成为现在原创技术的组成部分，当代的新技术将成为构建更新技术的组成部分。所有的技术集合自力更生成长起来，从无到有，从简单到复杂，形成所谓的“组合演化”（combinatorial evolution）机制。如此，新技术的演化路径有一定的规律可循，但同时也很难准确预测。一些技术可能会遵循稳定的、可预见的路径演化，但另一些革命性的跨越则以新的无法预见的方式在重新组合。正如 Christensen（1997）所言，破坏性不可避免，新的技术和商业模式终将替代旧的技术和模式。以互联网为主的新的信息和通信技术替代了许多传统的通信方式，基于互联网构建起来的各种商业和管理模式层出不穷。但互联网造成的长期效应还不清晰，学者们对一些基础性的课题进行实证研究，也往往得到截然相反的结论。但无论如何，我们还是需要展望未来，破坏性技术和突进式创新能够在一定程度上被预测（Sood，Tellis，2011）。

一、席卷全球的共享经济浪潮

最近几年，“共享经济”似乎被很多人认为是一个新的历史性趋势。《我的就是你的：协作性消费的兴起》一书的作者 Rachel Botsman（2010），分析了推动共享经济发展的两个驱动力：一是信息技术的发展及网络的普及；二是人口的增长及城市人口比例的增大。“共享经济”现在一般被用来描述利用技术和社会传媒手段去促进分享及资源的再利用，在过去几年里受到社会的普遍关注，特别是 2010 年席卷全球的经济危机以后，经济低迷的环境中，人们渴望节约成本以及开启财源，通过合作，能够让人们分享汽车、自行车、房屋或者进行集资和外包业务，许多大项目通过共同合作完成。如果我们拥有一个共享城市，人人都是微型企业家，想想一个城市的空间并没有被闲置，而是邻里之间共享；一个城市能够生产更多的东西，但是却没有更多的浪费。城市曾经是最原始的分享平台，但是随着时间的推移，人们之间却越来越陌生。但如今，共享经济又回来了。通过分享城市资源，人们之间的距离进一步拉近，加强了社区的团结；保护环境、节约资源的同时促进了旅游业的发展；同时共享经济对灾难应急的作用也是不可估量的。

二、城市转变为市民实验室

前几年，美国未来研究院发布了两份预测报告，从社会、经济和技术视角，描绘了新的互联网技术及其对城市和区域空间体系的潜在影响。一份名为《未来的知识生态体系》的报告（Townsend，et al.，2009），梳理出今后十余年间基于技术发展的有关城市和区域的 14 个趋势。这些变化将发生在三个领域：经济与社会、科学与技术，以及研究与开发的模式和场所。其中，在科学与技术中，重要的趋势包括：普适计算（ubiquitous computing）的广泛应用将产生海量的研究数据流，为实验室中的科学合作实时提供新的工具；人机共同工作，理解数据的社会网络将促使从人工智能向混合意义建构（hybrid sensemaking）转变。第二份报告题为《市民实验室的星球：城市的未来，信息和包容》（Townsend，et al.，2011），关注城市化与数字化之间的交融和物联网技术驱动的大数据。五个方面的技术趋势为这一转变提供了基础：①宽带连接：从固定到移动；②智能个人设备：从声音到多媒体；③开放数据的基础设施：使传输更加有效；④公共界面：从终端到自然交互；⑤云计算：从个人电脑到网络电脑。这些技术促使城市数据快速增长，为新的产品、服务和系统创新提供了新的机会。如此，由城市居民激发出来的各种创新，将满足地方多样化的需求，使得每个城市都将转化成为独特的市民实验室（civic laboratories）。这一描述的愿景正与当前中国倡导“大众创业、万众创新”的做法颇为类似。

三、浮现中的“在线城市化”

互联网的发展改变了人、货物和信息流动的组织方式，带来空间上的重构，其本质是对地方可达性格局的巨大改变。尤其在当前中国快速城市化的背景下，这个改变也正在影响我们对传统城乡二元结构的认知。从地理视角来看，都市性和乡村性是区别城乡差异的一组相对立的概念，而地方可达性正是界定两者的关键指标。可达性越佳，都市性越明显；反之，乡村性则越突出。然而，当前新的信息技术改变了原有的可达性格局。一些农村地区的可达性提高，其实就增加了现代化和发展的机会，从而促进城市化的进程。由于是通过网络提升可达性，所以也可以描述为“在线城市化”。当然，最关键的是为什么有些地方抓住了机会，而另一些地方则没有。最近，《阿里商业评论》上的一篇文章也提及类似的概念，一种新的“在线城镇化”模式正在中国农村兴起①。通过工业品下乡和农产品进城，以及农村对公共与商业服务的需求增长，借助互联网技术将乡村联入全球网络。这种在线城镇化模式或将为发展中国家以发展为导向的城镇化模式开辟另一种示范途径。

第三节 规划技术驱动的地方发展

信息社会的权威理论家 Manuel Castells 早在 20 世纪 80 年代已提出，信息和通信技术的融合进步，促使地方发展的信息化模式日益成形（Castells，1989）。而今，技术创新的确成为了城市和区域发展的关键驱动力。尽管互联网技术的普及应用在一定程度上加剧了区域差异和城市极化，但是技术驱动的发展愿景仍然让人充满期望。事实上，许多地方、城市和区域都在不断探索互联网的潜力，以寻求一种更为平等、民主和可持续的发展模式。

一、连接共赢的网络空间

面对日益破碎的空间，我们需要更多联系，而不是支配和控制（Allen，2010；Malecki，2014）。互联网不仅给城市和区域提供了参与全球竞争的有效

① 李孜 .2015. 农村电商涌现与在线城镇化途径的历史坐标 . 阿里商业评论，http://www.aliresearch.com/ blog/article/detail/id/20475. html [2015-06-09]。

工具，同时也为城市和区域之间的相互合作创造新的机会。即使在发达国家，面对网络社会的地方发展战略也正在被广泛讨论。在“新都市欧洲”研究计划中，Nijkamp 与 Kourtit（2013）提出至 2050 年欧洲城市密集地区将呈现四个相互关联的未来城市意象，“连接的城市”（connected city）是其中之一，重点聚焦于如何构建智能物流和提高机动性的可持续水平。在未来互联的世界中，城市不仅仅是基于自身的经济岛屿，而且是全球知识和创新网络中的节点或核心城市，需要更多地寻求在先进运输、智能物流和便捷通信基础设施体系中的发展机会。因此，“连接”已经成为城市与区域发展的关键（汪明峰，2007）。这种连接不仅是要建立地区内部的地方性网络，更重要的是把地方经济整合接入全球市场。

二、培育区域知识生态系统

未来的互联网将更多地融入我们社会的方方面面，层出不穷的新技术将提升地方发展模式和区域创新体系。Komninos 等（2013）提出在地方化的智能环境中，创新的基石（包括技术和产品、市场、基于云的商业模式，以及创造力和金融体系）将催生出创新生态系统的新模式和新形态。众多的合作者，包括研究园区、研究驱动的大公司、创业者、大学、投资者和职业人士等，共同构建区域知识生态（Townsend，et al.，2009）。这些网络由一些基本的要素组成，包括：大学和企业之间的合伙关系，企业家、职业人士和非专业人士组成的社会网络，投资者的圈子和社团，以及区域内外的虚拟网络及其成员。区域知识生态系统不同于集群，它并不局限于某个单一的产业，企业也不是其最重要的组成部分。Townsend 等（2009）认为，在新的创新环境中，当区域中足够多的人开始使用一项新技术时，市场必然会激发出大量的创业，从生态系统内部产生一大群企业，对该项技术进行深度开发。因此，如何借助新的技术形成良好的创新创业环境也是关键。

三、建设改良式的智慧城市

作为当前城市应对数字化和网络化的综合发展模式，智慧城市已成为诸多城市建设的目标。然而，正如本书讨论的，其他一些学者也关注到数字城市或智慧城市可能带来的负面影响，尤其是与之紧密相关的日益增长的社会极化效应。有学者提出“改良式”的智慧城市建设思路值得借鉴（Hollands，2008）。智慧城市的建设必须以人或人力资本为出发点，而不是盲目相信信息技术本身能够自动解决问题和推动地方发展。在各地智慧社区的建设中，任何一个成功的社区其关键的因素还是人，以及人与人之间的社会关系。我们在建设智慧城市等项目中，总是强调在全球知识经济中地方的经济增长和竞争力的提升，但这也是促进公共参与和影响地方决策的很好的机会。挑战与机遇并存，当信息技术的影响扩展到我们生活的每个角落之际，它也提供了一系列的新的手段帮助贫困的和被社会排斥的人群重新构建与政府、建成环境之间的关系，重新构建他们相互之间的关系。因此，除了技术之外，城市的未来也依赖于政府的作为（Glaeser，1998）。地方政府在注重新技术带来的增长效应之上，需要更多考虑政策制定的包容性。

参考文献

北京市信息化工作办公室．2007．北京市信息服务业发展报告 2006．北京：中国发展出版社

毕秀晶，李仙德．2010．上海现代服务业外资企业空间格局及其机理研究．城市规划学刊，(1)：64-70

毕秀晶，汪明峰，宁越敏．2011a．中国软件产业的空间格局及影响因素分析．经济地理，31 (1)：84-89，122

毕秀晶，汪明峰，李健，等．2011b．上海大都市区软件产业空间集聚与郊区化．地理学报，66 (12)：1682-1694

边泰明，麻匡复．2005．南港软体园区产业群聚与制度厚实．地理学报（台北），(40)：45-67

陈琳，石崧，王玲慧．2011．从规划理念到实践的低碳城市与复合社区：以上海市南桥新城为例．城市规划学刊，(4)：30-38

陈秀欣，冯健．2009．城市居民购物出行等级结构及其演变——以北京市为例．城市规划，33 (1)：22-30

陈永海．2010．探讨城市移动通信基站专项规划．城市规划，34 (11)：83-87

程红，汪明峰．2012．上海外来人口家庭上网的影响因素分析：基于“城中村”的调查．中国城市研究，5：81-93

樊纲，张晓晶．2003．全球视野下的中国信息经济：发展与挑战．北京：中国人民大学出版社

范月娇，李佳洋．2007．浅析我国网络零售业的远程物流配送服务——以当当网和卓越网为例．物流科技，(5)：68-71

费江舸．2004．网络游戏产业运行的基本解析//叶取源，等．中国文化产业评论，第 2 卷．上海：上海人民出版社：176-198

冯健，陈秀欣，兰宗敏．2007．北京市居民购物行为空间结构演变．地理学报，62 (10)：1083-1096

顾卓，李欣．2007．杭州行业网站集散地．电子商务世界，(7)：24-26

管驰明，崔功豪．2003．中国城市新商业空间及其形成机制初探．城市规划汇刊，(6)：33-36

国家统计局．1998-2012．中国统计年鉴 1997-2011．北京：中国统计出版社

国家统计局城市社会经济调查总队．2006．中国城市统计年鉴 2005．北京：中国统计出版社

韩钰，杜建会，郭鹏飞．2011．基于 SPSS 的中国网络团购市场发展趋势及其区域差异研究．经济地理，31 (10)：1660-1665

何丹，谭会慧．2010．上海零售业态的变迁与城市商业空间结构．商业研究，(5)：191-197

何江，张馨之．2006．中国区域人均 GDP 增长速度的探索性空间数据分析．统计与决策，(22)：72-74

胡鞍钢，周绍杰．2002．中国如何应对日益扩大的“数字鸿沟”．中国工业经济，(3)：5-12

胡良民，苗长虹，乔家君．2002．河南省区域经济发展差异及其时空格局研究．地理科学进展，21（3）：268-274
贾丹华，童丽娟，郑会颂．2002．国际互联网发展现状分析及思考．中国软科学，（4）：49-52
金文朝，金锺吉．2005．数字鸿沟的批判性再检讨．学习与探索，（1）：33-38
赖明勇，包群，彭水军，等．2005．外商直接投资与技术外溢：基于吸收能力的研究．经济研究，（8）：95-105
郎平．2000．互联网对世界经济的影响．国际经济评论，6（3）：25-28
李德仁，龚健雅，邵振峰．2010．从数字地球到智慧地球．武汉大学学报（信息科学版），35（2）：127-132
李国平，陈晓玲．2007．中国省区经济增长空间分布动态．地理学报，62（10）：1051-1062
李霞，赵崇煦，田静．2008．广州网络游戏动漫产业的发展现状与对策研究——兼与北京、上海与成都等城市进行比较分析．珠江经济，（Z1）：66-75
林兰．2010．技术扩散理论的研究与进展．经济地理，30（8）：1233-1239
林善浪，张惠萍．2011．通达性、区位选择与信息服务业集聚——以上海为例．财贸经济，（5）：106-114
林毅夫，张鹏飞．2005．后发优势、技术引进和落后国家的经济增长．经济学（季刊），5（1）：53-74
刘桂芳．2006．中国互联网区域差异的时空分析．地理科学进展，25（4）：108-117
刘卫东．2002．论中国互联网的发展及其潜在空间影响．地理研究，21（3）：347-356
刘文新，张平宇．2003．中国互联网发展的区域差异分析．地理科学，23（4）：398-407
卢鹤立，刘桂芳．2005a．中国互联网与区域经济．人文地理，20（5）：95-98
卢鹤立，刘桂芳．2005b．赛博空间地理分布研究．地理科学，25（3）：317-321
鲁凤，徐建华．2007．中国区域经济差异的空间统计分析．华东师范大学学报（自然科学版），（2）：44-52
马荣华，蒲英霞，马晓冬．2007．GIS空间关联模式发现．北京：科学出版社
孟斌，王劲峰，张文忠．2005．基于空间分析方法的中国区域经济差异研究．地理科学，25（4）：393-400
宁进厅，邱娟，汪明峰．2010．中国互联网产业发展的区域差异及其动态演进——基于生产和消费的视角．世界地理研究，19（4）：58-64
宁越敏．2000．上海市区生产服务业及办公楼区位研究．城市规划，24（8）：9-12
宁越敏，黄胜利．2005．上海市区商业中心的等级体系及其变迁特征．地域研究与开发，24（2）：15-19
宁越敏，汪明峰，等．2003．浦东新区软件产业群的发展研究（总报告）．上海市浦东新区科技局，华东师范大学城市和区域发展研究所
牛文元．2014．智慧城市是新型城镇化的动力标志．中国科学院院刊，29（1）：34-41
欧向军，沈正平，王荣成．2006．中国区域经济增长与差异格局演变探析．地理科学，26（6）：641-648
逄金玉．2011．“智慧城市”——中国特大城市发展的必然选择．经济与管理研究，（12）：74-78

覃成林．2004. 中国区域经济增长趋同与分异研究．人文地理，19（3）：36-40
邱娟，汪明峰．2010. 进入 21 世纪以来中国互联网发展的时空差异及其影响因素分析．地域研究与开发，29（5）28-32
仇保兴．2013. 中国智慧城市发展研究报告（2012-2013 年度）．北京：中国建筑工业出版社
上海工程技术大学课题组．2013. 上海推进智慧城市建设的瓶颈与对策．科学发展，（10）：39-49
上海市信息化委员会．2008. 上海市信息服务业产业地图 2007-2008. 北京：社会科学文献出版社
邵佩，吴迎笑，温熙华．2011. 无线城市建设中 WLAN 热点的部署及优化．电信技术，（11）：32-34
沈坤荣，马俊．2002. 中国经济增长的“俱乐部收敛”特征及其成因研究．经济研究，（1）：33-39
沈阳．2010. 关于把移动通信基站建设纳入上海城乡规划体系的探讨．上海城市规划，（5）：63-67
舒元，才国伟．2007. 我国省际技术进步及其空间扩散分析．经济研究，（6）：106-118
孙智群，柴彦威，王冬根．2009. 深圳市民网上购物行为的空间特征．城市发展研究，16（6）：106-112
孙中亚，甄峰．2013. 智慧城市研究与规划实践述评．规划师，29（2）：32-36
谭芳芳，金晓青．2006. 我国现阶段电子商务 B2C 类型物流配送模式的经济学分析：以 B2C 网上书城为例．南方经济，（1）：41-49
陶伟，林敏慧，刘开萌．2006. 城市大型连锁超市的空间布局模式探析——以广州“好又多”连锁超市为例．中山大学学报（自然科学版），45（2）：97-100
汪明峰．2004. 浮现中的网络城市的网络——互联网对全球城市体系的影响．城市规划，28（8）：26-32
汪明峰．2005a. 互联网使用与中国城市化——“数字鸿沟”的空间层面．社会学研究，（6）：112-136
汪明峰．2005b. 技术、产业和地方：互联网的经济地理学．人文地理，20（5）：90-94
汪明峰．2007. 城市网络空间的生产与消费．北京：科学出版社
汪明峰，高丰．2007. 网络的空间逻辑：解释信息时代的世界城市体系变动．国际城市规划，22（2）：36-41
汪明峰，李健．2009. 互联网、产业集群与全球生产网络——新的信息和通信技术对产业空间组织的影响．人文地理，24（2）：17-22
汪明峰，卢姗．2009. B2C 电子商务发展的路径依赖：跨国比较分析．经济地理，29（11）：1861-1866
汪明峰，卢姗．2012. 替代抑或补充：网上购物与传统购物出行的关系研究．人文地理，27（3）：44-49
汪明峰，宁越敏，2002. 网络信息空间的城市地理学研究：综述与展望．地球科学进展，17（6）：855-863
汪明峰，宁越敏．2004. 互联网与中国信息网络城市的崛起．地理学报，59（3）：446-454

汪明峰，宁越敏．2006. 城市的网络优势——中国互联网骨干网络结构与节点可达性分析．地理研究，25（2）：193-203

汪明峰，宁越敏，胡萍．2007. 中国城市的互联网发展类型与空间差异．城市规划，31（10）：16-22

王辑慈，等．2001. 创新的空间：企业集群与区域发展．北京：北京大学出版社

王乐．2005. 豆瓣的创业故事．经济观察报，2005-11-26

王黎明．2011. 关于国内无线城市建设中若干问题的思考和建议．数字通信世界，（7）：20-23

王如渊，金波．2002. 中国互联网发展的地域结构研究．人文地理，17（6）：89-92

王瑞峰．2011. 基于 WLAN 构建无线城市的规划设计分析．电信科学，（6）：21-27

王若懿．2008. 当当网：物流快剑有“短长”．现代物流报，2008-05-09

王世福．2012. 智慧城市研究的模型构建及方法思考．规划师，28（4）：19-23

王思睿．2005. 全国网游收入七成来自上海 去年收入达 18.1 亿元．第一财经日报，2005-07-21

王思雪，郑磊．2013. 国内外智慧城市评价指标体系比较．电子政务，（1）：92-100

王颖．1998. 信息化城市的负面效应探析．城市规划汇刊，（3）：62-63

王振亮．2004. 上海市松江新城跨越式发展中的规划决策创新与探索．城市规划汇刊，（2）：29-32

王铮，马翠芳，王莹，等．2003. 区域间知识溢出的空间认识．地理学报，70（5）：773-780

魏后凯．1997. 中国地区经济增长及其收敛性．中国工业经济，（3）：31-37

巫细波，杨再高．2010. 智慧城市理念与未来城市发展．城市发展研究，（11）：56-60

巫细波，杨再高．2011. 广州建设智慧城市前瞻．城市观察，（6）：167-176

吴胜武，闫国庆．2010. 智慧城市——技术推动和谐．杭州：浙江大学出版社

吴玉鸣，陈志建．2009. 居民消费水平的空间相关性与地区收敛分析．世界经济文汇，（5）：76-89

仵宗卿，柴彦威，戴学珍，等．2001. 购物出行空间的等级结构研究——以天津市为例．地理研究，20（4）：479-488

武剑，杨爱婷．2010. 基于 ESDA 和 CSDA 的京津冀区域经济空间结构实证分析．中国软科学，（3）：111-119

肖易漪，孙春霞．2012. 国内智慧城市研究进展述评．电子政务，（11）：100-104

胥建华，汪明峰，罗守贵．2008. 上海市多媒体产业布局与企业区位决策．地域研究与开发，27（1）：28-31，46

徐力行，高伟凯．2007. 产业创新与产业协同——基于部门间产品嵌入式创新流的系统分析．中国软科学，（6）：131-135

薛领，杨开忠．2005. 基于空间相互作用模型的商业布局——以北京市海淀区为例．地理研究，24（2）：265-273

虞大鹏，陈秉钊．2005. 知识型产业集聚中的社会资本作用研究——以同济大学周边地区为例. 城市规划学刊，（3）：63-69

袁丰，魏也华，陈雯，等．2010. 苏州市区信息通讯企业空间集聚与新企业选址．地理学报，65（2）：153-163

袁文蔚，郑磊 . 2012. 中国智慧城市战略规划比较研究 . 电子政务，(4)：54-63

翟青，甄峰 . 2012. 移动信息技术影响下的城市空间结构研究进展 . 人文地理，27 (6)：50-55

张捷，顾朝林，都金康，等 . 2000. 计算机网络信息空间（Cyberspace）的人文地理学研究进展与展望 . 地理科学，20 (4)：367-374

张军，吴桂英，张吉鹏 . 2004. 中国省际物质资本存量估算：1952-2000. 经济研究，50 (10)：35-44

张平宇，刘文新，马延吉 . 2006. 辽宁省互联网发展空间差异及其变化 . 经济地理，26 (3)：447-450

张水清 . 2002. 商业业态及其对城市商业空间结构的影响 . 人文地理，17 (5)：36-40

张望，卢超 . 2012. 无线城市中的“双重城市”现象解析 . 规划师，28 (增刊 1)：96-99

张学良 . 2012. 中国交通基础设施促进了区域经济增长吗——兼论交通基础设施的空间溢出效应 . 中国社会科学，33 (3)：60-77

张永民 . 2010. 解析智慧技术与智慧城市 . 中国信息界，(11)：38-41

张云霞 . 2012. 智慧城市，城市未来解决之道 . 中国电信业，(2)：34-37

赵渺希，王世福，李璐颖 . 2014. 信息社会的城市空间策略——智慧城市热潮的冷思考 . 城市规划，(1)：91-96

赵晓斌，王坦，张晋熹 . 2002. 信息流和“不对称信息”是金融与服务中心发展的决定因素：中国案例 . 经济地理，22 (4)：408-414

甄峰，翟青，陈刚，等 . 2012. 信息时代移动社会理论构建与城市地理研究 . 地理研究，31 (2)：197-206

中国出版工作者协会游戏工作委员会，www. 17173. com. 2005. 中国网络游戏原创力量调查报告 . 福州：SOHU 福州分公司（www. 17173. com）

中国互联网络信息中心 . 1997-2014. 中国互联网络发展状况统计报告 . 北京：中国互联网络信息中心

中国互联网络信息中心 . 2008. 2008 年中国网络购物调查研究报告（2008 年 6 月）. 北京：中国互联网络信息中心

中国互联网络信息中心 . 2009. 2008-2009 中国互联网研究报告系列之“西部地区互联网络发展状况报告”. 北京：中国互联网络信息中心

中国互联网络信息中心 . 2012. 中国手机网民上网行为研究报告 . 北京：中国互联网络信息中心

周密 . 2010. 区际技术扩散的内在机理研究——基于创新极的跨期模型设计 . 科技与经济，23 (1)：16-19

周千钧，柴彦威，彭雪 . 2007. 北京城区便利店的空间布局与居民利用特征——以 7－11 为例. 经济地理，27 (4)：595-598

周素红，林耿，闫小培 . 2008. 广州市消费者行为与商业业态空间及居住空间分析 . 地理学报，63 (4)：395-404

邹佳佳，马永俊 . 2012. 智慧城市内涵与智慧城市建设 . 无线互联科技，(4)：69-71

Allen J. 2010. Powerful city networks：More than connections，less than domination and control. Urban Studies，47（1）：2895-2911

Anderson W P，Chatterjee L，Lakshmanan T R. 2003. E-commerce，transportation and economic geography. Growth and Change，34（4）：415-432

Anselin L. 1999. Interactive techniques and exploratory spatial data analysis//Longley P A，Goodchild M F，Maguire D J，et al. Geographical Information Systems，Second Edition. New York：Wiley：253-266

Anselin L，Florax R. 1995. Small Sample Properties of Tests for Spatial Dependence in Regression Models：Some Further Rests in New Directions in Spatial Econometrics. Berlin：Springer-Verlag

Aoyama Y. 2001a. Structural foundations for e-commerce adoption：A comparative organization of retail trade between Japan and the United States. Urban Geography，22（2）：130-153

AoyamaY. 2001b. The information society，Japanese style：corner stores as hubs for ecommerce access//Leinbach T，Brunn S. Worlds of E-Commerce：Economic，Geographical and Social Dimensions. Chichester，Sussex，UK：John Wiley：109-128

Arai Y，Nakamura H，Sato H，et al. 2004. Multimedia and Internet business clusters in central Tokyo. Urban Geography，25（5）：483-500

Aranya R. 2008. Location theory in reverse? Location for global production in the IT industry of Bangalore. Environment and Planning A，40（2）：446-463

Arthur W B. 1994. Increasing Returns and Path Dependence in the Economy. Ann Arbor，MI：University of Michigan Press

Arthur W B. 2009. The Nature of Technology：What It Is and How It Evolves. London，UK：Penguin Books

Audirac I，Fitzgerald J. 2003. Information technology（IT）and urban form. Journal of Planning Literature，17（4）：480-511

Audretsch D B，Feldman M P. 2004. Knowledge spillovers and the geography of innovation//Henderson V，Thisse J F. Handbook of Urban and Regional Economics，Volume 4. Amsterdam，Holland：North Holland Publishing：2713-2739

Barro R，Sala-i-Martin X. 1991. Convergence across states and regions. Brookings Papers on Economic Activity，22（1）：107-182

Bekkerman A，Gilpin G. 2013. High-speed Internet growth and the demand for locally accessible information content. Journal of Urban Economics，77（9）：1-10

Bhat C R，Sivakumar A，Axhausen K W. 2003. An analysis of the impact of information and communication technologies on nonmaintenance shopping activities. Transportation Research B，37（10）：857-881

Boiteux-Orain C，Guillain R. 2004. Changes in the intra-metropolitan location of producer services in Ile-de-France（1978—1997）：Do information technologies promote a more dispersed spatial pattern? Urban Geography，25（6）：550-578

Boschma R A，Frenken K. 2003. Evolutionary economics and industry location. Review for Regional Research（Jahrbuch fur Regionalwissenschaft），23：183-200

Boschma R A，Frenken K. 2006. Why is economic geography not an evolutionary science? Towards an evolutionary economic geography. Journal of Economic Geography，6 (3)：273-302

Boschma R A，Lambooy J G. 1999. Evolutionary economics and economic geography. Journal of Evolutionary Economics，9 (4)：411-429

Boschma R A，van der Knaap G A. 1997. New technology and windows of locational opportunity：indeterminacy，creativity and chance//Reijnders J. Economics and Evolution. Cheltenham，UK：Edward Elgar：171-202

Boschma R A，Weltevreden J W J. 2008. An evolutionary perspective on Internet adoption by retailers in the Netherlands. Environment and Planning A，40 (9)：2222-2237

Botsman R，Rogers R. 2010. What's Mine Is Yours：The Rise of Collaborative Consumption. New York，NY：Harper Collins

Breznitz D. 2007. Industrial R&D as a national policy：Horizontal technology policies and industry-state co-evolution in the growth of the Israeli software industry. Research Policy，36 (9)：1465-1482

Brynjolfsson E. 1993. The productivity paradox of information technology. Communications of the ACM，36 (12)：66-77

Cairncross F. 1997. The Death of Distance：How the Communications Revolution Will Change Our Lives. London，UK：Orion Publishing

Cairncross F. 2001. The Death of Distance 2.0：How the Communications Revolution Will Change Our Lives. London，UK：Texere

Caragliu A，del Bo C，Nijkamp P. 2009. Smart Cities in Europe，Series Research Memoranda 0048. Free University Amsterdam，Faculty of Economics，Business Administration and Econometrics

Castells M. 1989. The Informational City：Information Technology，Economic Restructuring and the Urban-Regional Process. Cambridge，MA：Blackwell

Castells M. 1996. The Rise of the Network Society. Cambridge，MA：Blackwell

Castells M. 2001. The Internet Galaxy：Reflections of the Internet，Business，and Society. Oxford，UK：Oxford University Press

Castells M，Fernandez-Ardevol M，Qiu J，et al. 2007. Mobile Communication and Society：A Global Perspective. Cambridge，MA：MIT Press

Chakrabarti R，Scholnick B. 2002. International expansion of e-retailers：Where the Amazon flows. Thunderbird International Business Review，44 (1)：85-104

Chakraborty J，Bosman M M. 2005. Measuring the digital divide in the United States：Race，income，and personal computer ownership. Professional Geographer，57 (3)：395-410

Chaminade C，Vang J. 2008. Globalisation of knowledge production and regional innovation policy：Supporting specialized hubs in the Bangalore software industry. Research Policy，37 (10)：1684-1696

Christensen C M. 1997. The Innovator's Dilemma：When New Technologies Cause Great Firms to Fail. Boston，MA：Harvard Business School Press

Christensen C M, Tedlow R S. 2000. Patterns of disruption in retailing. Harvard Business Review, 78 (1): 42-45

Christopherson S, Garretsen H, Martin R. 2008. The world is not flat: Putting globalization in its place. Cambridge Journal of Regions, Economy and Society, 1 (3): 343-349

Cliff A D, Ord J K. 1973. Spatial Autocorrelation. London, UK: Pion

Cliff A D, Ord J K. 1981. Spatial Processes: Models and Applications. London, UK: Pion

Coe D T, Helpman E. 1995. International R&D spillovers. European Economic Review, (39): 859-887

Couclelis H. 2004. Pizza over the Internet: E-commerce, the fragmentation of activity, and the tyranny of the region. Entrepreneurship and Regional Development, 16 (1): 41-54

Coyle D. 1997. The Weightless World: Strategies for Managing the Digital Economy. Oxford, UK: Capstone Publishing

Cubukcu K M. 2001. Factors affecting shopping trip generation rates in metropolitan areas. Studies in Regional and Urban Planning, (9): 51-67

Currah A. 2002. Behind the web store: The organisational and spatial evolution of multichannel retailing in Toronto. Environment and Planning A, 34 (8): 1411-1441

Daniels P W. 1993. Service Industries in the World Economy. London: Blackwell

Dayasindhu N. 2002. Embeddedness, knowledge transfer, industry clusters and global competitiveness: A case study of the Indian software industry. Technovation, 22 (9): 551-560

Dewan S, Min C K. 1997. The substitution of information technology for other factors of production: A firm level analysis. Management Science, 43 (12): 1660-1675

Dirks S, Keeling M. 2009. A Vision of Smarter Cities: How Cities Can Lead the Way into a Prosperous and Sustainable Future. IBM Institute for Business Value

Dixon T, Marston A D. 2002. U K retail real estate and the effects of online shopping. Journal of Urban Technology, 9 (3): 9-47

Dodge M. 2001. Finding the source of Amazon. com: examining the store with the Earth's biggest selection//Leinbach T R, Brunn S D. Worlds of E-Commerce: Economic, Geographical and Social Dimensions. Chichester, Sussex, UK: John Wiley: 167-180

Dosi G, Freeman C, Nelson R, et al. 1988. Technical Change and Economic Theory. London, UK: Pinter

Drennan M P. 2002. The Information Economy and American Cities. Baltimore, MD: Johns Hopkins University Press

Driskella L, Wang F. 2009. Mapping digital divide in neighborhoods: Wi-Fi access in Baton Rouge, Louisiana. Annals of GIS, 15 (1): 35-46

Eaton J, Kortum S. 1996. Trade in ideas: patenting and productivity in the OECD. Journal of International Economics, 40 (3-4): 251-278

Egan E A. 2000. Application districts: An emerging spatial form in the computer software industry. Journal of Comparative Policy Analysis: Research and Practice, 2 (3): 321-344

Essletzbichler J, Rigby D L. 2007. Exploring evolutionary economic geographies. Journal of Economic Geography，7 (5)：549-571

Evans P B，Wurster T S. 1997. Strategy and the new economics of information. Harvard Business Review，75 (5)：71-82

Fagerberg J. 1988. Why growth rates differ//Dosi G，Freeman C，Nelson R，et al. Technical Changes and Economic Theory. London，UK：Pinter

Farag S，Dijst M，Lanzendorf M. 2003. Exploring the use of e-shopping and its impact on personal travel behaviour in the Netherlands. Transportation Research Record，1858：47-54

Farag S，Schwanen T，Dijst M，et al. 2007. Shopping online and or in-store? A structural equation model of the relationships between e-shopping and in-store shopping. Transportation Research A，41 (2)：125-141

Farag S，Weltevreden J，van Rietbergen T，et al. 2006. E-shopping in the Netherlands：Does geography matter? Environment and Planning B：Planning and Design，33 (1)：59-74

Fischer M M，Scherngell T，Jansenberger E. 2006. The geography of knowledge spillovers between high-technology firms in Europe：Evidence from a spatial interaction modeling perspective. Geographical Analysis，38 (3)：288-309

Ford G S，Koutsky T M. 2005. Broadband and economic development：A municipal case study from Florida. Review of Urban and Regional Development Studies，17 (3)：216-229

Fortin M J，Dale M R T. 2009. Spatial autocorrelation in ecological studies：A legacy of solutions and myths. Geographical Analysis，41 (4)：392-397

French S，Crewe L，Leyshon A，et al. 2004. Putting e-commerce in its place：reflections on the impact of the Internet on the cultural industries//Power D，Scott A J. Cultural Industries and the Production of Culture. London，UK：Routledge：54-71

Frenken K，Boschma R A. 2007. A theoretical framework for evolutionary economic geography：Industrial dynamics and urban growth as a branching process. Journal of Economic Geography，7 (5)：635-649

Friedman T L. 2005. The World Is Flat：A Brief History of the Twenty-first Century. New York，NY：Farrar，Straus and Giroux

Friedman T L. 2007. The World Is Flat：A Brief History of the Twenty-First Century，3rd ed. New York，NY：Picador

Fujita M，Krugman P，Venables A J. 1999. The Spatial Economy：Cities，Regions and International Trade. Cambridge，MA：MIT Press

Funke M，Niebuhr A. 2005. Regional geographic research and development spillovers and economic growth：Evidence from West Germany. Regional Studies，39 (1)：143-153

Garreau J. 1991. Edge City：Life on the New Frontier. New York，NY：Doubleday

Gaspar J，Glaeser E. 1998. Information technology and the future of cities. Journal of Urban Economics，43 (1)：136-156

Getis A，Ord J K. 1992. The analysis of spatial association by use of distance statistics. Geographical Analysis，24 (3)：189-206

Gibbs J，Kraemer K L，Dedrick J. 2003. Environment and policy factors shaping global e-commerce diffusion：A cross-country comparison. Information Society，19（1）：5-18

Glaeser E L. 1998. Are cities dying? Journal of Economic Perspectives，12（2）：139-160

Glaeser E L. 2011. Triumph of The City：How Our Greatest Invention Makes Us Richer，Smarter，Greener，Healthier，and Happier. New York，NY：Penguin

Gorman S P. 2002. Where are the web factories：The urban bias of e-business location. Tijdschrift voor Economische en Sociale Geografie，93（5）：522-536

Gorman S P，McIntee A. 2003. Tethered connectivity：The spatial distribution of wireless infrastructure. Environment and Planning A，35（7）：1157-1171

Graham S. 1998. The end of geography or the explosion of place? Conceptualizing space，place and information technology. Progress in Human Geography，22（2）：165-185

Graham S. 2002. Bridging urban digital divides：Urban polarisation and information and communications technologies（ICTs）. Urban Studies，39（1）：33-56

Graham S，Marvin S. 1996. Telecommunications and the City：Electronic Spaces，Urban Places. London，UK：Routledge

GrubesicT H. 2003. Inequities in the broadband revolution. Annals of Regional Science，37（2）：263-289

Grubesic T H. 2010. Efficiency in broadband service provision：A spatial analysis. Telecommunications Policy，34（3）：117-131

Grubesic T H，Murray A T. 2004. Where matters：Location and Wi-Fi access. Journal of Urban Technology，11（1）：1-28

Guillen M F，Suarez S L. 2005. Explaining the global digital divide：Economic，political and sociological drivers of cross-national Internet use. Social Forces，84（2）：681-709

Hagerstrand T. 1952. The propagation of innovation waves. Lund Studies in Geography：Series B，Human Geography，4：3-19

Harrison C，Eckman B，Hamilton R，et al. 2010. Foundations for smarter cities. IBM Journal of Research and Development，54（4）：1-16

Harvey D. 1990. The Condition of Postmodernity：An Enquiry into the Origins of Cultural Change. Cambridge，MA：Blackwell

Henderson J V，Wang H G. 2007. Urbanization and city growth：The role of institutions. Regional Science and Urban Economics，37（3）：283-313

Henley A. 2005. On regional growth convergence in Great Britain. Regional Studies，39（9）：1-53

Hernandez T，Gomez-Insausti R，Biasiotto M. 2001. Non-store retailing and shopping centre vitality. Journal of Shopping Centre Research，8（2）：58-81

Hirschman A. 1958. The Strategy of Economic Development. New York，NY：Yale University Press.

Hollands R G. 2008. Will the real smart city please stand up? City，12（3）：303-320

Hoover E M. 1948. The Location of Economic Activity. New York，NY：McGraw-Hill

Howell B. 2001. The rural - urban “digital divide” in New Zealand：Fact or fable? Prometheus，19（3）：231-251

Hsiao M-H. 2009. Shopping mode choice：Physical store shopping versus e-shopping. Transportation Research Part E，45（1）：86-95

Hu A G. 2007. Technology parks and regional economic growth in China. Research Policy，36（1）：76-87

Hu G，Jefferson G. 2001. FDI，Technological Innovation，and Spillover：Evidence from Large and Medium Size Chinese Enterprises. Waltham，MA：Mimeo Brandeis University

Huh W，Kim H. 2003. Information flows on the Internet of Korea. Journal of Urban Technology，10（1）：61-87

Hwang J S. 2004. Digital divide in Internet use within the urban hierarchy：The case of South Korea. Urban Geography，25（4）：372-389

Isaksen A. 2004. Knowledge-based clusters and urban location：The clustering of software consultancy in Oslo. Urban Studies，41（5）：1157-1174

Isaksen A. 2006. Knowledge-intensive industries and regional development：The case of the software industry in Norway//Cooke P，Piccaluga A. Regional Development in the Knowledge Economy. London，UK：Routledge：43-62

Jaffe A B，Trajtenberg M，Henderson R. 1993. Geography localization of knowledge spillovers as evidenced by patent citations. Quarterly Journal of Economics，108（3）：576-598

Janc K，Ilnickik D. 2010. The hotspot-a new technology，but is it also a new geographical face of the Internet. Geographia Polonica，83（2）：55-65

Joint Venture：Silicon Valley Network. 2000. Internet Cluster Analysis 2000. San Jose，CA：Joint Venture：Silicon Valley Network

Jonathan E，Kortum S. 1999. International patenting and technology diffusion：Theory and measurement. International Economic Review，40（3）：537-570

Kellerman A. 2010. Mobile broadband services and the availability of instant access to cyberspace. Environment and Planning A，42（12）：2990-3005

Keller W. 2002. Geographic localization of international technology diffusion. American Economic Review，92（1）：120-142

Kesidou E. 2008. Do local knowledge spillovers matter for development? An empirical study of Uruguay's software cluster. World Development，36（10）：2004-2028

Khomiakova T. 2007. Information technology clusters in India. Transition Studies Review，14（2）：355-378

Klepper S. 2002. The capabilities of new firms and the evolution of the US automobile industry. Industrial and Corporate Change，11（4）：645-666

Kolko J. 2000. The death of cities? The death of distance? Evidence from the geography of commercial Internet usage//Vogelsang I，Compaine B. The Internet Upheaval：Raising Questions，Seeking Answers in Communications Policy. Cambridge，MA：MIT Press：73-98

Komninos N，Pallot M，Schaffers H. 2013. Special issue on smart cities and the future Internet in Europe. Journal of the Knowledge Economy，4（2）：119-134

Kopomaa T. 2000. The City in Your Pocket：Birth of the Mobile Information Society. Helsinki，Finland：Gaudeamus

Krugman P. 1991a. Geography and Trade. Cambridge，MA：MIT Press

Krugman P. 1991b. Increasing return and economic geography. Journal of Political Economy，99（3）：483-499

Kwan M. 2001. Cyberspatial cognition and individual access to information：The behavioral foundation of cyber geography. Environment and Planning B：Planning and Design，28（1）：21-37

Kwan M-P. 2002. Time，information technologies and the geographies of everyday life. Urban Geography，23（5）：471-482

Leamer E E. 2007. A flat world，a level playing field，a small world after all，or none of the above：A review of Thomas L Friedman's the World is Flat. Journal of Economic Literature，45（1）：83-126

Leamer E E，Storper M. 2001. The economic geography of the Internet age. Journal of International Business Studies，32（4）：641-665

Lee K S，Tan S J. 2003. E-retailing versus physical retailing：A theoretical model and empirical test of consumer choice. Journal of Business Research，56（11）：877-885

Lee S-Y T，Gholami R，Tong T Y. 2005. Time series analysis in the assessment of ICT impact at the aggregate level-lessons and implications for the new economy. Information and Management，42（7）：1009-1022

Leinbach T，Brunn S. 2001. Worlds of E-Commerce：Economic，Geographical and Social Dimensions. Chichester，Sussex，UK：John Wiley

Li R，Shiu A. 2012. Internet diffusion in China：A dynamic panel data analysis. Telecommunications Policy，36（10－11）：872-887

Loo B P Y. 2003. The rise of a digital community in the People's Republic of China. Journal of Urban Technology，10（1）：1-21

Malecki E J. 2014. Connecting the fragments：Looking at the connected city in 2050. Applied Geography，49：12-17

Malecki E J，Moriset B. 2008. The Digital Economy：Business Organization，Production Processes and Regional Developments. New York，NY：Routledge

Martin R. 2010. Roepke lecture in economic geography—Rethinking regional path dependence：Beyond lock-in to evolution. Economic Geography，86（1）：1-27

Martin R，Sunley P. 2006. Path dependence and regional economic evolution. Journal of Economic Geography，6（4）：395-437

McCann P. 2005. Transport costs and new economic geography. Journal of Economic Geography，5（3）：305-318

McCann P. 2008. Globalization and economic geography：The world is curved，not flat. Cambridge Journal of Regions，Economy and Society，1（3）：351-370

Metcalfe J S，Foster J. 2004. Evolution and Economic Complexity. Cheltenham，UK：Edward Elgar

Mills B F，Whitacre B E. 2003. Understanding the non-metropolitan-metropolitan digital divide. Growth and Change，34（2）：219-243

Mokhtarian P L. 2002. Telecommunications and travel：The case for complementarity. Journal of Industrial Ecology，6（2）：43-57

Mokhtarian P L. 2004. A conceptual analysis of the transportation impacts of B2C ecommerce. Transportation，31（3）：257-284

Moreno R，Paci R，Usai S. 2005. Spatial spillovers and innovation activity in European regions. Environment and Planning A，37（10）：1793-1812

Moriset B. 2003. The new economy in the city：Emergence and location factors of Internet-based companies in the metropolitan area of Lyon，France. Urban Studies，40（11）：2165-2186

Morrison A，Cusmano L. 2015. Introduction to the special issue：Globalisation，knowledge and institutional change：Towards an evolutionary perspective to economic development. Tijdschrift voor Economische en Sociale Geografie，106（2）：133-139

Murphy A. 2002. The emergence of online food retailing：A stakeholder perspective. Tijdschri voor Economische en Sociale Geografie，93（1）：47-61

Murphy A. 2003.（Re）solving space and time：Fulfilment issues in online grocery retailing. Environment and Planning A，35（7）：1173-1200

Murphy A. 2007. Grounding the virtual：The material effects of electronic grocery shopping. Geoforum，38（5）：941-953

Myrdal G. 1957. Economic Theory and Under-Developed Regions. London，UK：Duckworth

Naylor R. 1999. Multimedia and uneven urban and regional development：The Internet industry in the Netherlands//Braczyk H-J，Fuchs G，Wolf H-G. Multimedia and Regional Economic Restructuring. London，UK：Routledge：183-217

Negroponte N. 1995. Being Digital. London，UK：Coronet

Nelson R R，Winter S G. 1982. An Evolutionary Theory of Economic Change. Cambridge，MA：Harvard University Press

Nijkamp P，Kourtit K. 2013. The 'New Urban Europe'：Global challenges and local responses in the urban century. European Planning Studies，21（3）：291-315

Ning Y，Xu W，Wang M. 2014. Population and housing suburbanization in Shanghai//Chaléard J-L. Métropoles aux Suds Le défi des périphéries? Paris，France：Karthala：133-147

Noh Y H，Yoo K. 2008. Internet，inequality and growth. Journal of Policy Modeling，30（6）：1005-1016

Ó hUallacháin B，Leslie T F. 2007. Producer services in the urban core and suburbs of Phoenix，Arizona. Urban Studies，44（8）：1581-1601

O'Brien R. 1992. Global Financial Integration：The End of Geography. London，UK：Pinter

OECD. 2001. Understanding the Digital Divide. Paris，France：OECD

Ohmae K. 1995. The Borderless World：Power and Strategy in an Interdependent Economy. New York，NY：Harper Business

Oyana T J. 2011. Exploring geographic disparities in broadband access and use in rural southern

Illinois：Who's being left behind. Government Information Quarterly，28（2)：252-261

Parthasarathy B. 2004. India's Silicon Valley or Silicon Valley's India? Socially embedding the computer software industry in Bangalore. International Journal of Urban and Regional Research，28（3)：664-685

Pelletiere D，Rodrigo G C. 2001. An empirical investigation of the digital divide in the United States. Journal of Public Affairs Review，2：159-174

Porter M E. 1998. Clusters and the new economics of competitiveness. Harvard Business Review，(12)：77-90

Pratt A C. 2000. New media，the new economy and new spaces. Geoforum，31（4)：425-436

Ratinho T，Henriques E. 2010. The role of science parks and business incubators in converging countries：Evidence from Portugal. Technovation，30（4)：278-290

Reich R. 2001. The Future of Success：Work and Life in the New Economy. London，UK：William Heinemann

Richardson R，Gillespie A. 2000. The economic development of peripheral rural areas in the information age//Wilson M I，Corey K E. Information Tectonics. New York，NY：John Wiley：199-217

Rodríguez-Pose A，Crescenzi R. 2008. Mountains in a flat world：Why proximity still matters for the location of economic activity. Cambridge Journal of Regions，Economy and Society，1（3)：371-388

Rogers E M. 1995. Diffusion of Innovations，4th edition. New York，NY：Free Press

Rohm A J，Swaminathan V. 2004. A typology of online shoppers based on shopping motivations. Journal of Business Research，57（7)：748-757

Romer P. 1986. Increasing returns and long-run growth. Journal of Political Economy，94（5)：1002-1037

Romijn H，Albaladejo M. 2002. Determinants of innovation capability in small electronics and software firms in southeast England. Research Policy，31（7)：1053-1067

Romm J. 2002. The Internet and the new energy economy. Resources，Conservation and Recycling，36（3)：197-210

Rosenberg N. 2000. Schumpeter and the Endogeneity of Technology. London，Uk：Routledge

Sala-i-Martin X. 1996. The classical approach to convergence analysis. Economic Journal，106（437)：1019-1036

Salomon I. 1986. Telecommunications and travel relationships：A review. Transportation Research A，20（3)：223-238

Sassen S. 1991. The Global City：New York，London，Tokyo. Princeton，NJ：Princeton University Press

Saviotti P P，Pyka A. 2004. Economic development by the creation of new sectors. Journal of Evolutionary Economics，14（1)：1-36

Sawada M，Cossette D，Wellar B，et al. 2006. Analysis of the urban/rural broadband divide in Canada：Using GIS in planning terrestrial wireless deployment. Government Information

Quarterly, 23 (3-4): 454-479

Schumpeter J A. 1911. The Theory of Economic Development. Cambridge, MA: Harvard University Press

Schumpeter J A. 1942. Capitalism, Socialism, and Democracy. New York, NY: Harper & Brothers

Scott A J. 2011. A world in emergence: Notes toward a resynthesis of urban-economic geography for the 21st century. Urban Geography, 32 (6): 845-870

Shapiro J M. 2003. Smart cities: Explaining the relationship between city growth and human capital. http://core.kmi.open.ac.uk/download/pdf/9310079.pdf [2003-12-30]

Sheller M, Urry J. 2006. Mobile Technologies of the City. London, UK: Routledge

Sim L L, Koi S M. 2002. Singapore's Internet shoppers and their impact on traditional shopping patterns. Journal of Retailing and Consumer Services, 9 (2): 115-124

Sinai T, Waldfogel J. 2004. Geography and the Internet: Is the Internet a substitute or a complement for cities? Journal of Urban Economics, 56 (1): 1-24

Sood A, Tellis G J. 2011. Demystifying disruption: A new model for understanding and predicting disruptive technologies. Marketing Science, 30 (2): 339-354

Starrs P. 1997. The sacred, the regional and the digital. Geographical Review, 87 (2): 193-218

Storper M, Venables A J. 2004. Buzz: Face-to-face contact and the urban economy. Journal of Economic Geography, 4 (4): 351-370

Strover S, Mun S-H. 2006. Wireless broadband, communities, and the shape of things to come. Government Information Quarterly, 23 (3-4): 348-358

Tacken M. 1990. Effects of teleshopping on the use of time and space. Transportation Research Record, 1285: 89-91

Toffler A. 1980. The Third Wave. New York, NY: William Morrow & Co

Tonn B E, Hemrick A. 2004. Impacts of the use of e-mail and the Internet on personal trip-making behavior. Social Science Computer Review, 22 (2): 270-280

Toppeta D. 2010. The smart city vision: How innovation and ICT can build smart, "Livable", sustainable cities. The Innovation Knowledge Foundation. http://thinkinnovation.org/file/research/23/en/Toppeta _ Report _ 005 _ 2010.pdf [2010-12-30]

Townsend A M. 2013. Smart Cities: Big Data, Civic Hackers, and the Quest for a New Utopia. New York, NY: W. W. Norton

Townsend A M, Maguire R, Liebhold M, et al. 2011. A planet of civic laboratories: The future of cities, information and inclusion. Palo Alto, CA: The Institute for the Future

Townsend A M, Pang A S-K, Weddle R. 2009. Future knowledge ecosystems: The next twenty years of technology-Led economic development. Report Number SR-12361. Palo Alto, CA: The Institute for the Future

Trippl M, Tödtling F, Lengauer L. 2009. Knowledge sourcing beyond buzz and pipelines: Evidence from the Vienna software sector. Economic Geography, 85 (4): 443-462

Tsang D. 2005. Growth of indigenous entrepreneurial software firms in cities. Technovation,

25 (11): 1331-1336

van der Ploeg F, Poelhekke S. 2008. Globalization and the rise of mega-cities in the developing world. Cambridge Journal of Regions, Economy and Society, 1 (3): 477-501

Vicente M R, López A J. 2011. Assessing the regional digital divide across the European Union-27. Telecommunications Policy, 35 (3): 220-237

Warf B. 2001. Segueways into cyberspace: Multiple geographies of the digital divide. Environment and Planning B: Planning and Design, 28 (1): 3-19

Watkins-Mathys L, Foster M J. 2006. Entrepreneurship: The missing ingredient in China's STIPs? Entrepreneurship and Regional Development, 18 (3): 249-274

Wei Y H D. 1999. Regional inequality in China. Progress in Human Geography, 23 (1): 48-58

Wei Y H D, Liefner I, Miao C H. 2011. Network configurations and R&D activities of the ICT industry in Suzhou Municipality, China. Geoforum, 42 (4): 484-495

Wei Y H D, Zhou Y, Sun Y F, el at. 2012. Production and R&D networks of foreign ventures in China: Implications for technological dynamism and regional development. Applied Geography, 32 (1): 106-118

Weltevreden J W J. 2007. Substitution or complementarity? How the Internet changes city centre shopping. Journal of Retailing and Consumer Services, 14 (3): 192-207

Weltevreden J W J, Atzema O A L C. 2006. Cyberspace meets high street: Adoption of click-and-mortar strategies by retail outlets in city centers. Urban Geography, 27 (7): 628-650

Weltevreden J W J, Atzema O A L C, Boschma R A. 2005. The adoption of the Internet by retailers: A new typology of strategies. Journal of Urban Technology, 12 (3): 59-87

Weltevreden J W J, Atzema O A L C, Frenken K, et al. 2008. The geography of Internet adoption by independent retailers in the Netherlands. Environment and Planning B: Planning and Design, 35 (3): 443-460

Weltevreden J W J, Boschma R A. 2008a. Internet strategies and performance of Dutch retailers. Journal of Retailing and Consumer Services, 15 (3): 163-178

Weltevreden J W J, Boschma R A. 2008b. The influence of firm owner characteristics on Internet adoption by independent retailers: A business survey. International Journal of Internet Science, 3 (1): 34-54

Weltevreden J W J, van Rietbergen T. 2007. E-shopping versus city centre shopping: the role of perceived city centre attractiveness. Tijdschrift voor Economische en Sociale Geografie, 98 (1): 68-85

Werbach K. 2003. Radio Revolution: The Coming Age of Unlicensed Wireless. Washington, DC: New America Foundation and Public Knowledge

Weterings A B R, Boschma R A. 2006. The impact of geography on the innovative productivity of software firms in the Netherlands//Cooke P, Piccaluga A. Regional Development in the Knowledge Economy. London, UK: Routledge: 63-83

Whitacre B E, Mills B F. 2007. Infrastructure and the rural-urban divide in high-speed residential Internet access. International Regional Science Review, 30 (3): 249-273

World Bank. 2009. World Development Report 2009：Reshaping Economic Geography. Washington，DC：The World Bank

Wrigley N. 2000. The globalization of retail capital：Themes for economic geography//Clark G L，Gertler M，Feldman M. The Oxford Handbook of Economic Geography. Oxford，UK：Oxford University Press：292-313

Wrigley N，Currah A. 2006. Globalizing retail and the 'new e-conomy'：the organizational challenge of e-commerce for the retail TNCs. Geoforum，37（3）：340-351

Wrigley N，Lowe M，Currah A. 2002. Retailing and e-tailing. Urban Geography，23（2）：180-197

Yu D L，Wei Y H D. 2003. Analyzing regional inequality in Post-Mao China in a GIS environment. Eurasian Geography and Economics，44（7）：514-534

Yukawa K A. 2003. Cluster of Internet companies in Tokyo：Review of Bit Valley. Journal of Korean Regional Science，18（3）：111-126

Zhang X Q. 2013. Income disparity and digital divide：The Internet consumption model and cross-country empirical research. Telecommunications Policy，37（6-7）：515-529

Zhao W，Watanabe C，Griffy-Brown C. 2009. Competitive advantage in an industry cluster：The case of Dalian Software Park in China. Technology in Society，31（2）：139-149

Zhou Y. 2005. The making of an innovative region from a centrally planned economy：Institutional evolution in Zhongguancun Science Park in Beijing. Environment and Planning A，37（6）：1113-1134

Zook M A. 2000. The web of production：The economic geography of commercial Internet content production in the United States. Environment and Planning A，32（3）：411-426

Zook M A. 2001. Old hierarchies or new networks of centrality：The global geography of the Internet content market. American Behavioral Scientist，44（10）：1679-1696

Zook M A. 2005. The Geography of the Internet Industry：Venture Capital，Dot-coms and Local Knowledge. Oxford，UK：Blackwell

Zook M A. 2009. Internet，Economic Geography//Kitchin R，Thrift N. International Encyclopedia of Human Geography，Vol 5. Oxford，UK：Elsevier：555-561

“中国城市研究丛书”已出版书目

城市网络空间的生产与消费	汪明峰
制度变迁与区域经济增长	孙斌栋
集群创新与高新区转型	滕堂伟、曾刚
从劳动空间分工到大都市区空间组织	宁越敏、石崧
企业空间组织与城市——区域发展	宁越敏、武前波
全球生产网络与大都市区生产空间组织	李健
中国劳动力市场的分异与分割	徐伟、杨波
城市网络结构与演变	李仙德
互联网时代的城市与区域	汪明峰